2019年第2辑 VOL.5 NO.2

粮食经济研究
FOOD ECONOMICS RESEARCH

粮食经济研究
FOOD ECONOMICS RESEARCH

主　管　单　位：南京财经大学
主　办　单　位：南京财经大学粮食安全与战略研究中心
　　　　　　　　南京财经大学现代粮食流通与安全协同创新中心
学术委员会主任：朱　晶
编辑委员会主任：程永波
主　　　　　编：曹宝明
副　　主　　编：杨向阳　赵　霞
编　辑　部　主　任：赵　霞（兼）
值　班　编　辑：刘　婷

编辑部地址：南京市鼓楼区铁路北街 128 号南京财经大学 31 号信箱，
　　　　　　邮政编码：210003
编辑部电话：025-83495942，025-83494738
编辑部邮箱：lsjjyjjk@163.com
编辑部网址：http://cfsss.nufe.edu.cn

粮食经济研究
FOOD ECONOMICS RESEARCH

学术委员会

主　任：
朱　晶　　南京农业大学经济管理学院院长，教授

委　员：
秦　富　　中国农业科学院农村发展研究所研究员，教授
武拉平　　中国农业大学经济管理学院教授
钟甫宁　　南京农业大学经济管理学院教授
程国强　　同济大学经济与管理学院教授
蒋乃华　　南通大学副校长，教授
祁华清　　武汉轻工大学经济与管理学院院长，教授
郑沫利　　国贸工程设计院咨询所所长，教授级高工
吴林海　　江南大学商学院教授
亢　霞　　国家粮食局科学研究院研究员
姜德波　　南京审计大学研究生院院长，教授
金晓瑜　　江苏社会科学杂志社社长，研究员
沈红然　　上海市粮食和物资储备局副局长
张生彬　　江苏省粮食和物资储备局副局长
许维彬　　安徽省粮食和物资储备局副局长
鞠兴荣　　南京财经大学，教授
石　奇　　南京财经大学经济学院院长，教授
李林木　　南京财经大学财税学院院长，教授
胡秋辉　　南京财经大学食品科学与工程学院院长，教授
侯立军　　南京财经大学工商管理学院教授
曹宝明　　南京财经大学粮食经济研究院院长，教授

粮食经济研究
FOOD ECONOMICS RESEARCH

编辑委员会

主 任：
程永波　南京财经大学校长，教授

委 员：
潘　劲　中国农村经济杂志社副社长兼编辑部主任，研究员
吕新业　农业经济问题杂志社社长，研究员
韩璞庚　江海学刊杂志总编，研究员
李　静　江苏社会科学杂志主编，研究员
王　维　世界经济与政治论坛杂志主编，研究员
颜　波　中国粮食研究培训中心主任
殷　欧　上海市发展和改革委员会副主任，上海市粮食和物资储备局局长
夏春胜　江苏省粮食和物资储备局局长
周维亮　浙江省粮食和物资储备局局长
万士其　安徽省发展和改革委员会副主任，安徽省粮食和物资储备局局长
时　现　南京财经大学副校长，教授
华仁海　南京财经大学副校长，教授
张为付　南京财经大学副校长，教授
曹宝明　南京财经大学粮食经济研究院院长，教授

目 录

市场化改革与粮食安全保障（1949~2019）：冲突抑或一致？
.... 武舜臣 1

完善优质粮食供给保障的政策探讨
.... 郭晓东 15

中国玉米临时收储制度改革及政策优化研究
.... 马俊凯 27

托市收购政策下粮食供应链利益协调机制研究
.... 高　婧　李　阳 39

粮食产业发展现状调研报告
　　——以江苏省为例 .... 向新跃　缪书超　李冬梅　韩　冬 55

宝应县粮食产业发展：现状、问题与建议
.... 虞松波　刘　婷 65

渠道控制、集体品牌建设与中小粮油加工企业创新动力
.... 王金秋　胡　迪 71

劳动力价格扭曲程度及其影响因素分析
　　——以小麦生产为例 .... 陈　佩　汪紫钰　陶素敏 81

中国近20年粮食领域研究热点与趋势
　　——基于CiteSpace的可视化分析 .... 王　钢 95

中国粮食生产效率变动趋势及影响因素研究
　　——一个文献综述 .... 赵丹丹　马媛媛　李　霜 107

《粮食经济研究》征稿启事 115

《粮食经济研究》投稿须知 117

市场化改革与粮食安全保障（1949~2019）：冲突抑或一致？

武舜臣

（中国社会科学院，农村发展研究所，北京，100732）

摘　要：粮食收储制度市场化改革在缓解粮食市场扭曲、提升粮食市场效率的同时，多数情况下会造成粮食市场的不稳定。以市场化改革与粮食安全保障的差异化关系为标准，归类分析 1949 年以来的粮食流通体制发展历程，以各阶段差异化关系的表现和成因展开讨论。分析结果显示，受制于市场运行机制的完善程度及粮食种植在农户生产经营中的地位差异，两者关系并不总能保持一致：粮食生产在农户经营决策中越重要、市场机制越完善，市场化改革与粮食安全保障的方向才越一致。当前，粮食收储制度市场化改革下的粮食安全保障，应在调整和完善粮食支持政策基础上，积极培育以粮食生产为主营业务的新型农业经营主体，并对市场化保障粮食安全持有足够耐心。

关键词：购销体制改革；市场化；粮食安全；政策启示

一、引言

改革开放以来，我国粮食流通体制整体上走出了一条由统购统销到全面开放的市场化改革之路（尚斌义，1999；赵德余，2011；于晓华，2018）。然而，由于粮食商品的特殊性，粮食流通体制的改革之路步履蹒跚，出现过多次大的反复（卢锋，1997；徐振宇等，2016）。基于托市收购政策导致的市场扭曲问题，2014 年开始，新一轮市场化改革再次启动，政府先后取消了大豆、玉米的临时收储政策，微调了稻谷、小麦的最低收购价政策，市场化改革气势如虹。然而，无论是归纳改革的前期经验，还是提炼决策层的既有理念，能够得出的结论是，即便当前，市场化改革反复的根源并未得到消除（徐振宇等，2016）。正因如此，当前条件下的市场化改革能否持续推进，以及市场化基础上的粮食安全保障能否实现仍是未知的。

随着改革由大豆、玉米转移到作为口粮的小麦和稻谷，改革已渐进深水区。此时，无论是改革步伐还是改革力度，都已没有了往日的锋利。为保证市场的稳定性，改革整体上沿着"分品种施策、渐进式推进"的路径逐步展开。在政府先后取消大豆、玉米临时收储

---

① 收稿日期：2019-9-20
基金项目：本文是国家社会科学基金青年项目"粮食收储制度市场化改革研究"（18CJY035）、首都流通业研究基地资助（JD-ZD-2018-004）的阶段性成果。

制度后，在小麦和稻谷最低收购价改革上，顶层设计方面尚未达成稳定的政策框架，仅出现"增加价格调节弹性"等个别提法。改革实践方面，2015年对保持刚性提升的最低收购价做出微调，使价格维持在2014年水平。分别调低了2017年稻谷最低收购价和2018年小麦最低收购价。

当前，谨慎地对待稻谷、小麦收储制度改革，既缘于稻谷、小麦品种在粮食安全中的特殊地位，也与决策层对市场机制的不信任有关（卢锋，1997；徐振宇等，2016）。为进一步推进市场化改革，这里亟须回应的一个问题是，市场机制真的不足以保障粮食安全吗？随着当前改革进入深水区，对这一问题的回答，显然是一个重要的命题。

回顾我国改革开放以来的粮食流通体制改革历程，市场机制的引入确实多数伴随着粮食供求紧张现象的出现（熊本国，2005）。然而，如果将时间起点设为1949年，结论就会有所不同。根据本文的梳理，改革开放以前，确实存在过市场化改革激活粮食市场，保障粮食安全的时期。一个需要考虑的问题是，改革开放以前市场化改革与粮食安全一致的条件是什么？当时的改革经验能否给当前的改革提供有益启示。鉴于此，本文重新梳理了粮食流通体制改革历程，从中挖掘市场化改革与粮食安全目标间的矛盾或一致，并对两者关系的内在原因进行分析，为当前粮食购销体制市场化改革提供思路。

二、市场化改革与粮食安全保障关系的研究回顾

纵观我国粮食流通体制的改革历程，市场化改革与粮食安全保障时而一致，时而不同。自1978年以来，粮食流通体制改革已确定了市场化的大方向（赵德余，2011），但改革中仍不乏大的反复，政策的摇摆特征明显。卢锋（2004）将这种改革循环归纳为"松时放，紧时收"①，赵德余（2010）则将之概括为"放、活、乱、紧"。如若这种循环成立，改革的"松时放，紧时收"就意味着粮食供求的"放时紧，收时松"，隐含着市场化改革必然会导致粮食供求关系紧张而引发粮食安全问题。

市场化改革与粮食安全的关系究竟如何？尽管当前以粮食流通体制改革为核心的文献研究已非常丰富，但以粮改"反复性"特征为重心的研究却尚显不足。多数学者在粮食流通体制改革的回顾中都多少提及改革的"反复性"特征（徐振宇等，2016；于晓华，2018），但对这类改革"反复性"的成因却很少提及。对这类文献，杜鹰（2002）在文章中给出了提纲挈领的评价，把粮食流通体制改革期间存在的周折和反复作为经验加以总结是有好处的，但不能止于现象的描述，重要的是要剖析其背后的原因和机理。

纵然，原因和机理的剖析比对现实的归纳更有意义，但相关解释还是要基于改革的实践基础。与本文相关的文献，要涉及两个层面的内容：第一，结合购销制度改革历史，判断"反复性"规律的存在性；第二，基于粮食购销制度变迁的客观规律，其背后的原因和机理给予分析。从实践阐述类文献中积攒解释的碎片重新整合归纳，现有学者对"反复性"的解释大致有观念的局限、体制的制约及政府行为等几个视角（卢锋，1997；尚斌

---

① "松时放，紧时收"指的是粮食相对过剩时期进行市场化改革，在粮食相对紧缺时期向旧体制复归的现象。当然，根据历史规律可知，其中存在两个可能的"例外"：第一个是1998年粮改初期，在粮食供给偏松时采取了以"收"为方向的改革，但当时的改革很快因困难重重而转向更为开放的市场化；第二个是徐振宇（2016）提及的粮食"十二连增"期间的逆市场化，但2013年的目标价格改革及后来的一系列改革显然支持了"松时放"的论断。

义，1999；徐振宇，2016）。其中，卢锋（1997）的解释较为系统有力，他认为，相比于其他诸多因素，决策层对市场机制认识上的偏颇是决定购销制度反复的根本原因，而这种认知局限包含两层含义：

第一，对市场机制能否正常运行的不信任。改革开放以来，市场化一直在渐进式改革中推进。渐进式改革虽然保证了改革的平稳性，但也产生了一些阻碍市场机制功能发挥的新问题（袁恩桢，1996）。为此，市场化改革后市场机制的引入确实存在短期内冲击粮食市场的可能。此外，考虑到粮食商品的弱质性及外部性等特征，市场机制在粮食市场中有失灵的可能（邓大才，2004）。

第二，对市场机制能否实现粮食安全保障功能的不信任。市场机制不能保障粮食生产稳定增长，这就与粮食稳定增长才是粮食安全的传统观念相违背（卢锋，1997）。政府对粮食安全保障方面的政策取向，长期过度强调产量，主基调是"大力发展生产"或"保障生产能力"（徐振宇等，2016）。

基于以上两点，如果粮食市场化改革兼具了"放时紧，收时松"的特征，必然会加深政策设计者对市场的不信任程度，而反映到政策制定上，会加大粮食流通市场化改革的推进难度。当前，国内粮食市场再次处于粮食供求的偏松阶段，相应的粮食收储市场化改革也重新提上日程。这类偏"放"的改革方向是否会导致下一轮的粮食供求紧张而重复改革回调的过往？该问题的答案将直接关系到当前粮食收储制度市场化改革的决心和动力。

三、粮食流通体制的市场化改革时期与粮食安全走势

回顾粮食购销体制演变历程，1985年后，粮食供求的"放时紧，收时松"规律确实存在于大多数改革阶段。如果将考察的起始点延伸至新中国成立，诸多的"例外"就会出现，即市场机制的引入反而提升了农户的粮食生产积极性，促进了粮食供给，一定程度上缓解了粮食安全问题。这类"例外"的意义不仅在于对既有"规律"局限性的揭示，更为当前的粮食收储制度市场化改革提供了一种思路：在特定条件下，市场化改革不仅不会带来粮食供求的紧张，反而可以作为破解粮食安全问题的路径。

基于该思考，本文重新回顾了新中国成立以来的粮食购销体制演变历程，针对诸多引入市场机制的特定时期，以市场机制对粮食供求的差异化影响为依据，将诸多阶段归类到两个时期：市场机制缓解粮食供求紧张时期及市场机制加剧粮食供求紧张时期。

1. 市场机制缓解粮食供求紧张时期

统购统销实施于计划经济时期，市场机制的作用受到很大的限制。就在该时期，为应对粮食供求紧张，决策层两度引入市场机制，取得了较好的政策效果，基本实现了政策预期。以上两次市场机制引入给当前改革的启示是：市场机制可以作为缓解粮食供求紧张的工具。

（1）统购统销巩固和强化时期的市场化探索阶段[①]。决策层利用市场化手段推进粮食生产的第一次尝试发生于1959~1961年三年困难时期。当时，面对大幅度下降的粮食产

---

① 本文阶段划分依据张培刚和廖丹清（2002）对粮食统购统销实施阶段的划分，粮食统购统销体制的巩固和强化阶段为1958~1965年，统购统销体制的松动阶段为1978~1984年。

量,以及极度突出的产需矛盾和供求矛盾,中央政府在提升粮食政策性收购价格的同时,引入市场机制来激发粮食生产动力。1962年9月,中共中央在《关于粮食工作的决定》中对农村集市贸易和实行粮食议价经营作了具体规定:集体经济单位和农民在完成粮食征购任务后,可以拿余粮在集市成交,但严禁私商参加粮食集市贸易;供销社既可以根据集市粮食上市情况适当收购,也可以直接到生产队收购一部分余粮。至此,农村市场重新获准开放(约翰逊,2005)。就当时而言,市场机制的作用随着粮食议价经营的出现和发展壮大而产生①。1963~1965年,全国共议购粮食113亿斤。同期,粮食产量从15441万吨上升至19452.5万吨。粮食产量的增加,一定程度上与市场机制引入后农民生产积极性的提升有关(张培刚和廖丹清,2002)。

(2)统购统销松动时期的市场化初试阶段。市场化改革的第二次增产实践发生在1978~1984年。相比于第一阶段,该阶段的改革更被学界熟知,相关的研究也更为丰富。面对1978~1984年的粮食增产,多数学者从家庭联产承包制的导入及粮食收购价格的提升角度给出解释(林毅夫,2014;于晓华,2018)。然而,市场机制的引入及其作用的发挥也不能小觑。因为,如果没有市场机制的存在,即便农户生产了更多农产品也无法通过市场交换实现其价值,农户的生产积极性就不能得到保障。

该阶段,自由贸易被允许,甚至准许在城市里开设自由市场,部分城市消费主体也获得了参与粮食市场的许可(约翰逊,2004)。在应用市场机制的政策设计方面,主要有如下四点:第一,恢复粮食集市贸易,开展粮食议购议销。1979年以后,粮食的集市贸易和议价经营得到恢复。一方面,农贸市场恢复发展迅猛,1984年底全国农贸市场已发展到5.65万个,其中农村有5万个;另一方面,粮食部门的议购议销业务同样迅速恢复和发展,全国有20多个省、自治区、直辖市先后建立了粮食议购议销专业公司。第二,中央对省实行购销调拨包干办法,计划外缺粮主要通过市场调剂解决。第三,在发挥国营粮食商业主渠道作用的同时,实行多渠道经营。第四,逐步减少统购统销的品种和数量,扩大市场调节的范围(张培刚和廖丹清,2002)。本次粮改使得粮食产量大增,粮食产量由1978年的3.05亿吨增加到1984年的4.07亿吨,在1984年甚至出现了新中国成立以来的第一次粮食相对过剩。

以上两个阶段,在粮食供求出现紧张时,政府在保持政策干预的同时,适当引入了市场机制。此时的市场机制,为提高农民生产积极性、增加粮食产量发挥了重要作用。

2. 市场机制诱发粮食供求紧张时期

肇始于1978年底的改革和连续几年的粮食增产,新的问题再次出现。针对1984年末的"卖粮难"和政府负担问题,1985年时新的改革不得不提上日程(于晓华,2018)。而且,本次改革同样以市场化为导向。1985年后,国家对粮食价格形成机制进行了试探性改革,除直接影响部分粮食价格外,还允许非政府力量影响部分粮食价格水平(李国祥,2016)。1985年1月1日,中共中央、国务院在《关于进一步活跃农村经济的十项政策》中提出,粮食、棉花取消统购,改为合同定购。此时,强制性的粮食统购被市场化的合同

---

① 议购粮是政府为掌握粮源以高于定购价但低于市场价的价格收购的部分粮食,内含市场机制的成分,能一定程度指代市场机制作用的发挥。

定购所替代，非国有渠道粮食经营活动也得到鼓励（赵德余，2011）。而且，1985年实施的政策也被称为"稳一块活一块"，合同定购任务内的是稳的一块，合同定购外向市场销售的部分是活的一块。"稳一块活一块"的目的是逐步缩小稳的部分，同时相应扩大活的部分，最后达到基本由市场来形成粮食价格以及多样化的流通主体和流通渠道的体制。然而，1985年的改革结果也显而易见，粮食产量当年就出现滑坡，出现了粮食产量的"六年徘徊"。

第二次市场化改革下的粮食供求紧张发生在1993年。1992年，党的十四大明确提出建立社会主义市场经济体制的改革目标。相对应地，政府开始逐步放弃对粮食中间供应和最终消费供应端的影响。1993年2月国务院下发《关于加快粮食流通体制改革的通知》，提出粮食宏观调控只限于干预粮食收购市场，主要思路是继续保留粮食定购数量，只有当粮食价格过低和过高时才会发挥政府对价格的影响力，即实行粮食最低收购保护价和销售最高限价。同时对配套措施也进行了改革，将多年来为了激励农民完成粮食定购任务而实施的化肥、柴油奖售由实物改为平议差价补贴。从根本上说，本次粮改后粮食供求并未变得紧张。但问题是，受宏观经济过热的影响，在粮食供求基本平衡的背景下出现了粮食价格的大幅度上涨。随之而来的是1994年上半年就把1993年宣布的很多改革措施彻底取消，粮食政策回归价格双轨制，价格控制和地区性消费者价格补贴再次出现，本次市场化改革在萌芽中被扼杀了。

第三次市场化改革下的供求紧张发生在1998年粮改期间。1998年粮改整体又可以分为两个阶段，2001年之前，粮食购销体制改革整体上朝着逆市场化方向发展，期间提出的"三项政策、一项改革"，尤其是"三项政策"的提出，一定程度上意味着市场的关闭（邓大才，2003）。伴随着政策目标的逐渐落空，2001年下半年，国务院发布了《关于进一步深化粮食流通体制改革的意见》指出："改革的目标是在国家宏观调控下，充分发挥市场机制对粮食购销和价格形成的作用，完善粮食价格形成机制，稳定粮食生产能力，建立完善的国家粮食储备体系和粮食市场体系，逐步建立适应社会主义市场经济发展要求的粮食流通体制。"2002年1月6日的中央农村工作会议上，温家宝提出2002年粮食流通体制改革的重点工作为"逐步建立统一、开放、竞争、有序的粮食市场"。2003年1月7日的中央农村工作会议上，要"培育粮食市场，探索市场化改革"的政策目标被正式提出。2001年以来，改革试点在推进的同时，同样伴随着粮食产量的下降。从1999年开始，连续5年减产，粮食产量从1998年当时历史最高水平的10246亿斤下降到2003年的8614亿斤，共计减少1600多亿斤[①]。

第四次发生在最近一次粮食政策调整期间，突出表现为市场化政策调整对大豆和玉米品种产量的影响。自2014年起，政府开始调整原有的收储政策体系。2014年中央一号文件提出"坚持市场定价原则，探索推进农产品价格形成机制与政府补贴脱钩的改革，逐步建立农产品目标价格制度"，先期对东北和内蒙古大豆进行目标价格补贴试点。2015年9月，政府首次下调临时收储玉米收购价格；11月2日公布《农业部关于"镰刀弯"地区

---

① 当然，该阶段的粮食减产一定程度上与当时的粮食调结构政策有关。1998年启动退耕还林工程，经过1999~2001年试点，2002年全面启动。据国家林业局退耕办统计，截至2005年，共完成退耕地造林899.7万公顷，荒山荒地造林1394.6万公顷。退耕还林工程的推进对粮食减产有直接关系。

玉米结构调整的指导意见》，提出2020年减少"镰刀弯"地区玉米种植面积5000万亩以上。2016年3月28日宣布从当年起将东北四省区玉米临时收储政策调整为"市场化收购"加"补贴"新机制。

2014年开始，为克服价格扭曲和高财政负担，原有的托市收购政策开始松动，粮食政策再次朝着市场化的方向迈进。而且，与以往数次的市场化改革不同，本次改革更为谨慎，突出了品种的渐进性。2014年，目标价格政策替代了东北和内蒙古大豆原有的临时收储政策；2016年，取消了临时收储政策，实行市场定价、价外补贴、多元收购的新体制机制。

从产量变动看，目标价格实施后，大豆种植面积下降明显，虽然一定程度上与政策交替衔接不畅有关，但市场化改革导致的冲击作用不容忽视（武舜臣等，2017）。临时收储制度的取消，在缓解了市场扭曲的同时，同样给玉米生产端带来冲击。统计数字显示，2016年玉米播种面积为3676万公顷，比2015年下降136万公顷。相应地，产量也由2015年的22463万吨下降至2016年的21955万吨。玉米播种面积和产量的下降虽一定程度上与政府主动调结构有关，但价补分离后急剧下降的玉米价格无疑降低了农户玉米种植的积极性。

3. 市场机制差异化影响粮食供求的比较分析

根据前面两节的分析可知，1949年以来，粮食流通政策的市场化改革就从未停滞，但改革中也存在明显的反复性痕迹。上文归纳了市场化改革缓和粮食供求的两个时期，以及相反地，导致粮食供求紧张的四个时期，本节将其归纳至表1。

表1 市场化改革中的粮食供求关系表现归类

阶段	时间起点	粮食产量与供求	主要原因	与市场化改革关系
市场化缓解供求紧张时期	1962~1965年	全国共议购粮食113亿斤。同期，粮食产量从15441万吨上升至19452.5万吨	统购价提升；农村集市贸易的放开；议购价的出现	有关
	1978~1984年	粮食产量由1978年的3.05亿吨增加到1984年的4.07亿吨	统购价的提升；粮食集市贸易的恢复；议购议销的恢复；统购统销的品种和数量的减少	有关
市场化诱发供求紧张时期	1985~1989年	粮食产量1985年当年就出现滑坡，随后出现了粮食产量的"六年徘徊"。	价格支持力度降低；政府收购数量下降	有关
	1993~1994年	粮食价格的大幅度上涨	宏观经济过热	无关
	2001~2003年	粮食产量从1998年当时历史最高水平下降到2003年的8614亿斤，减产1600多亿斤	保护价取消；种植结构调整	有关
	2015~2018年	2018年玉米播种面积比2015年下降283.8万公顷，同期产量下降766.2万吨	临时收储政策取消；种植结构调整	有关

由表1可知，1949年以来，为应对复杂的粮食供求形势，政府多次以市场化手段调整粮食流通政策，在不同时期对粮食供求的影响存在差异。而且，以上归纳还得到如下信息：第一，市场化改革的手段并不唯一，多数随着其他政策，粮食市场的变动是不同政策共同影响的结果。除粮食流通领域的放开市场（计划经济时期）、提高价格等政策外，后期还伴随着调整种植结构的政策诉求。也正因为此，并非每次粮食供求紧张（如1993年粮改）都与市场化改革有关。第二，从阶段归类看，市场化推动粮食增产的时期发生于统购统销背景下，随着粮食流通市场化程度的加深，后期的市场化改革反而呈现出诱发粮食供求紧张的特征。

避开外因或政府对粮食安全过于敏感而反应过度不谈，市场化改革确实不具备保证粮食生产稳定增长的功能（卢锋，1997）。这一特征，正是粮食安全背景下决策层不信任市场的根源所在（徐振宇等，2016）。基于此，下文将就市场机制下粮食供求波动的原因展开讨论。

四、市场机制差异化影响粮食供求关系的原因剖析

按照基本的经济学常识，如原本市场已趋于完善，以解放市场为目标的市场化手段能够实现效率的提升。然而，效率提升与粮食增产并非总能一致（韦默，2013）。尤其是，作为弱势产业，保障粮食增产所付出的过高代价往往会影响效率的提升，市场化和粮食供求关系受到更多的外部条件制约。因此，要想实现市场化改革中效率与产量的"双保障"，必须打造粮食增产目标与效率目标的一致性。除粮食商品本身的特殊性外，结合中国粮食流通体制的改革历程，市场化和粮食供求的不一致还可能有如下原因。

1. 粮食生产并非农户生产经营的最优选择

市场放开的目标是更有效地配置资源，并不能决定资源的流向。从主体选择空间视角，市场放开意味着经营主体可以在更大的空间内配置资源。同样粮食流通体制的市场化也给予了粮食生产主体更大的资源配置空间，农户可以更自由地进行劳动力和土地的资源配置。在人多地少的国情下，相比于非农产业或农业领域的其他作物经营，同样的劳动力和土地投入粮食生产所得的报酬总是最低。然而，考虑到粮食这类必需品的可得性，经济效应并非总是农户的第一选择。根据已有的农户行为研究，农户既是一个根据自身需求为自身消费生产的单位，也是一个根据市场价格信号追求利润生产的单位（黄宗智，2000）。当粮食不可得时，获得粮食满足生存是农户的第一选择，农户行为更多地与恰亚诺夫为代表的组织—生产学派一致，目标是满足消费（恰亚诺夫，1996）；随着粮食供求关系的缓和，农户的市场身份得到加强，逐步开始追逐经济利益，开始符合以舒尔茨为代表的理性小农学派学者的标准，转变为理性的最大化利润追求者（舒尔茨，2006）。

因此，可以作如下论断：在粮食供求紧张时，市场化下农户选择空间的增加跟粮食生产积极性有着较强的一致性。粮食供求关系缓和时，市场化与粮食生产积极性间的关系就相对复杂，两者最终关系的确定取决于种粮与从事其他经营活动间的利润比较（高帆，2005）。

回顾粮食购销体制市场化改革历程，统购统销巩固强化时期（1958~1965年），满足粮食消费是当时农户最主要的目标。此时，给予农户的经营决策权多能转换为粮食生产积

极性的增加。除去三年自然灾害时期不提，1962~1965 年，乡村人均年消费粮食量不足 180 公斤，这不仅远低于改革开放初期 1979 年的 206.2 公斤，甚至低于 1953 年的 190.5 公斤。所以，当时的粮食消费是没能得到满足的。因此，市场放开后效率的提升与粮食生产积极性的提高基本一致，结果是粮食增产。

统购统销松动时期（1978~1984 年），乡村人均粮食消费超过 200 公斤，自 1981 年起，乡村人均粮食消费首次超过城镇。市场放开后利润最大化目标的优先序发生调整。一个间接的证明是农村产业结构的调整。粮食种植面积从 1978 年的 18.09 亿亩减少到 1983 年的 17.1 亿亩，经济作物则增加了 0.5 亿亩。正因为粮食需求基本得到满足，市场化作用下农民的要素配置才会朝着非粮化转移。

市场化与粮食增产的关系逐渐取决于粮食收入占总收入的比重。表 2 统计了 1979~1986 年农民货币收入及来源情况，能一定程度上反映粮食生产在农户生产经营中的重要性。出售农副产品收入占比呈下降趋势，但占比绝对值一直处于 80% 以上。该表能够说明，尽管利润最大化逐渐成为市场放开下农户的优先目标，但该目标与粮食生产还是有着较强的一致性。

表 2　农民货币收入及来源

单位：元

年份	1979	1980	1981	1982	1983	1984	1985	1986
农民货币收入	887.2	1079.6	1204.4	1352.0	1593.2	2079.5	2671.0	2855.2
出售农副产品收入	741.2	892.9	991.6	1110.0	1291.0	1700.4	2155.0	1894.0
劳务净收入	146.0	186.7	212.8	242.0	299.2	379.1	516.0	514.7

注：数据来自《中国农村经济统计大全》（1949~1986 年），第 416~419 页。此外，1986 年农民货币收入中增加了"从集体统一经营中得到收入"和"从经济联合体得到收入"，故之前两者之和跟总货币收入有一定出入。

1985 年前后，随着粮食产量的增长及"卖粮难"的出现，农业剩余劳动力开始显现，更多劳动力有了非农生产的需求。伴随着粮食统购统销的市场化改革，乡镇企业异军突起，流动人口政策逐步放开，追求利润最大化农民的生产行为与粮食生产逐渐脱节。要素配置空间的增大反而导致了农户粮食生产投入要素的减少，逐渐表现出粮食市场化改革与粮食增产相背离的现象，即所谓的"放时松"。

2. 体制安排与产业链衔接不畅限制了市场调节功能的发挥

完善的市场条件是市场机制作用发挥的基础。当一个有效的市场被预期会重新出现时，其效率失真相对较小。如果原市场依然存在失灵，或存在影响市场作用发挥的其他因素，市场放开的结果可能不尽如人意。一直以来，粮食市场调节功能的发挥，不仅取决于自身体制安排的完善，更与产业链上下游间的衔接匹配息息相关。

首先，有效粮食市场的存在性。农业尤其是粮食是作为特殊的产业，由于存在市场失灵的问题，紧靠市场机制无法实现资源的有效配置。因此，对粮食市场的政策干预在全球都存在普遍性。市场失灵的存在降低了放开市场后效率提升的可能。

其次，渐进式改革的模式下，粮食上下游及关联市场的改革并不充分，这在一定程度

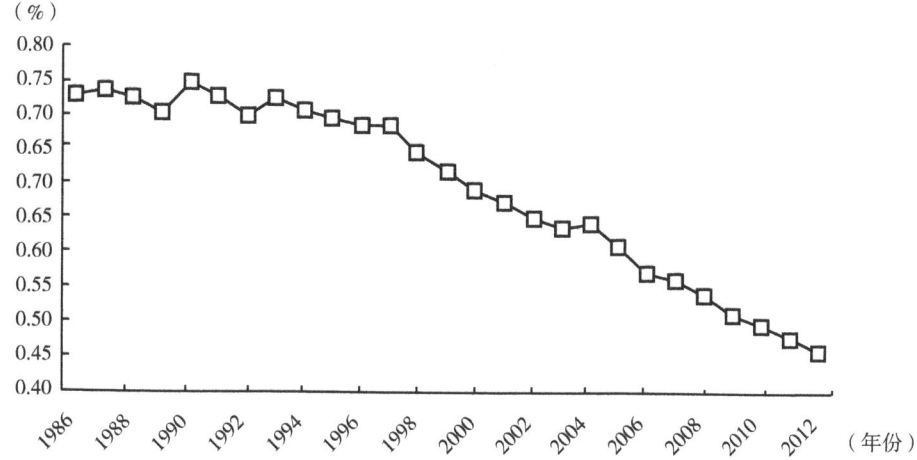

图1　1986~2012年农村居民平均经营性收入占比变动

资料来源：2013年《中国统计年鉴》。

上限制了粮食市场调节功能的发挥。粮食市场并非仅仅与购销端相关，流通端、期货市场以及宏观环境都会对其带来影响（曾晓昀，2015）。如果粮食经济其他方面的体制安排与市场机制运作的要求不相适应，也会直接导致市场化改革的失败（卢锋，1997）。

1985年之前市场化整体程度较低。此时，增加粮食产量更多弥补了农户的日常生活需求，部分收归国有，被作为粮食储备。直接流入下游市场的粮食较少。在统购统销体制下，粮食运输、加工等领域中的多数经营主体依旧属于计划管制之内，上游的市场化与下游产业链关系不大。

1985年后，粮食产量的突增和收购端市场化程度的加深，为下游运输、加工等领域的发展提供了巨大的可能。然而，在不对称改革的条件下，下游产业依然计划经济特征明显，并不能匹配上游的市场化改革。此时，即便粮食增产是农户利润最大化的目标，这种激励也难以维持。因为，当时的合同订购意味着政府不再对粮食产量兜底（约翰逊，2004），在下游收购主体不能及时替代性进入的情况下，必然会导致"卖粮难"的出现，进而对农户生产积极性带来消极影响。为应对粮食产量相对过剩，粮食产量的短期调整不可避免也相对合理（卢锋，1997）。

外部宏观环境的影响突出体现在1993年粮改期间。1992年小平同志"南方谈话"过后，随之而来的是大规模建设投资，以及暴涨的要素价格和扩大的货币发行量。全社会通胀下粮食价格相应提升，这本是一种正常现象。然而，布朗言论激发了决策层对粮食安全的过度紧张，粮食价格的上涨被等同为粮食安全危机。相应地，1993年粮改还没展开，就在1994年拉下序幕。

五、结论与政策启示

通过分类梳理购销制度改革历程，阐述了市场机制引入差异化影响粮食安全的原因与机理。分析结果显示，想要利用市场机制保障粮食安全，至少需要满足两个条件：第一，粮食生产跟农户利润最大化目标相一致；第二，粮食市场及相关市场中的市场机制和基本条件要完备。当前，正处于新一轮粮食收储体制市场化改革阶段，截至目前，本轮粮食收储制度市场化改革总体运行良好，但粮食安全与市场化改革间的内在矛盾依然存在，粮食市场化改革仍有循环反复的潜在可能。因此，亟须从以往改革历程中汲取经验教训，调整完善本轮收储制度市场化改革机制，以打破粮食政策改革的不良循环，构建粮食收储制度市场化改革的长效机制。

结合本文的研究结论，有如下判断和政策启示。

1. 当前市场化改革的背景判断

市场化改革保障粮食安全需要一定的现实基础。结合已有结论，对当前改革背景的概括如下：

首先，种粮收入在农户收入中的比重已明显降低[①]。市场机制的引入和农户生产要素非粮化转移存在一致性。市场化改革致使粮食产量波动的基础仍然存在。以当前玉米收储制度改革为例，多数学者都肯定了市场化改革在种植结构调整、激励多元购销主体入市、激活玉米加工企业、提高国产玉米竞争力等方面的成效，也对农户玉米经营收入与种植积极性的下降提出担忧（李国祥，2017；顾莉丽等，2018）。当然，随着新型农业经营主体的快速发展，尤其是以种粮为主要收入来源的新型粮食经营主体的出现，使得市场化改革与粮食生产一致性的可能大大增加。

其次，粮食购销相关市场的市场机制仍不成熟。改革开放以来的渐进式改革存在过强的条块分割特征，导致了相关市场间机制匹配上的脱节与断层（范必，2014）。从产业链上下游市场看，要素市场中，土地、劳动力要素已经超出了粮食生产配置的范围，土地制度及非农劳动力成本间接抬高了种粮成本，粮食生产弱质性突出。流通市场中，市场化粮食收购主体资金问题依然严重，粮食加工业中国有企业混合所有制改革正在进行。消费市场中，粮食品牌效应不强，食品安全问题突出。国际市场方面，国内外粮食成本差异明显，配额内税率已不能保证三大主粮品种的相对竞争力。期货市场作为提供价格发现、降低种粮风险的重要部分，虽然有了很大进步但原有问题仍没能解决。

2. 进一步推动粮食购销市场化改革的政策建议

当前，大豆和玉米的改革已经告一段落，稻谷和小麦已成为当前改革的核心。在粮食安全战略下，结合本文的分析及改革背景的判断，针对稻谷小麦品种的改革有如下政策建议：

（1）实现市场化改革保障粮食安全，两个方面需调整。首先，缩小粮食生产和种粮主体利润最大化间的偏差。市场化的目的是用市场手段配置要素资源，让粮食生产和利润最大化尽可能一致，市场化改革才能产生提升粮食生产积极性的结果。因此，提高粮食生产的竞争力是粮食购销市场化改革和粮食生产同向推进的重要保障。具体来说，应加强一般农业服务支出，增强粮食生产的成本竞争力；发挥粮食生产的多功能性，提高非贸易竞争力；促进优质化生产，提高品质竞争力；除基本口粮外，对其他粮食品种实施比较优势战略和品牌战略。

[①] 2013~2015年，农村居民人均收入中经营性收入占可支配收入比重分别为41.73%、40.40%、39.43%，该指标能一定程度上反映出种粮收入在总收入中的地位。

其次，完善购销端市场机制发挥的客观条件。粮食购销市场化改革看似是对整个流通体系的系统性改革，却难以摆脱渐进式的路径。具体来说，粮食流通市场化重在调整面向生产端的收购政策，下游储备、加工等方面及期货市场的改革存在滞后。也正因如此，粮食流通体制改革应更注重全面性，在逐步放开粮食收购市场的同时，粮食下游和对应产业的市场化改革也应同步进行，实现粮食全产业链市场化。

因此，要重视粮食流通端的市场化改革，培育粮食流通端的市场主体；放开粮食收购市场，为多元化粮食收购主体提供公平高效的融资环境；深化粮食国有企业改革，发展混合所有制经济，培育自负盈亏的市场主体，推进粮食加工市场的良性竞争；积极完善粮食期货市场，更好地发挥价格发现和风险对冲功能。

（2）当前市场化尚不能保证粮食安全，政策支持仍不能放松。党的十九大报告提出"确保国家粮食安全，把中国人的饭碗牢牢端在自己手中"的要求，保障粮食安全始终处于重中之重的战略位置。然而，调整过程需要时间，调整结果也有不确定性。由当前条件看，完全的市场化改革并不足以保障我国的粮食安全。因此，市场化的推动过程中，依然需要一定的政策调控，以保障粮食市场的稳定性。

从国际贸易视角看，当前我国稻谷和小麦生产已不具有绝对比较优势，需更好地利用WTO规则和进口配额，努力实现主粮品种相对比较优势的维系。生产主体视角，当前国内尚不存在具有竞争力的粮食生产主体，多数新型粮食经营主体也仅能在政策扶持中发展壮大，短期内并无法适应市场竞争。对此，应实施多样化的粮食生产保障措施，坚持粮食经营主体"两条腿"走路。其中，提供适当的保险机制是避免粮食生产受市场过强冲击的更好选择。

（3）增强市场放开下产量波动的容忍度，避免不必要的改革后退。市场化本身意味着粮食供求会在一定范围内波动，市场调节机制会依据供求关系的具体情况刺激生产增长或诱致生产下降。考虑到当前粮食的低需求弹性和高库存现实，应容许粮食价格有更大幅度的调整。结合粮食购销体制改革历程可知，对粮食供求关系的过度紧张一度使得粮食市场化改革的夭折，以致多次错失改革良机。因此，保障市场化改革的平稳顺利推进，要吸取购销体制改革的经验教训，积极调整转变观念，构建粮食收储制度市场化改革的长效机制。

参考文献

[1] 尚斌义. 政府干预粮食市场行为的模型分析：以我国粮食流通体制改革为例[J]. 南开经济研究，1999（6）：7-12.

[2] 赵德余. 从国家统购到合同定购：1985年粮食市场化改革的初次尝试及其价值[J]. 中国市场，2011（29）：12-19.

[3] 于晓华. 以市场促进农业发展：改革开放40年的经验和教训[J]. 农业经济问题，2018（10）：8-13.

[4] 卢锋. 粮食市场化改革：需要重新思考的认识前提[J]. 中国农村观察，1997（3）：9-18.

[5] 徐振宇，李朝鲜，李陈华. 中国粮食价格形成机制逆市场化的逻辑：观念的局限与体制的制约[J]. 北京工商大学学报（社会科学版），2016，31（4）：24-32.

[6] 熊本国. 关于购销市场化改革后粮食若干问题的思考[J]. 农业经济问题，2005，26（10）：

[7] 卢锋. "松时放，紧时收"——我国粮棉流通改革周期性反复现象研究（1985—2000年）[J]. 中国制度变迁的案例研究，2004：299-342.

[8] 赵德余. 粮食市场调控的多重政治目标及其政策工具的选择：建国初期的经验[J]. 中国市场，2010（33）：83-89.

[9] 杜鹰. 对卢锋《"松时放，紧时收"——我国粮棉流通改革周期性反复现象研究（1985—2000年）》的简要评论[J]. 中国制度变迁的案例研究，2004：343-346.

[10] 袁恩桢. 论渐进式改革所伴生的矛盾和问题[J]. 财经研究，1996（11）：3-7.

[11] 邓大才. 粮食流通体制：探求市场力量与政府力量的均衡[J]. 经济评论，2004（4）：79-84.

[12] 约翰逊. 经济发展中的农业、农村、农民问题[M]. 北京：商务印书馆，2004.

[13] 张培刚，廖丹清. 二十世纪中国粮食经济[M]. 武汉：华中理工大学出版社，2002.

[14] 林毅夫. 制度、技术与中国农业发展[M]. 上海：上海三联书店，上海人民出版社，2014.

[15] 李国祥. 我国粮食价格形成机制沿革的历史回顾与探讨[J]. 北京工商大学学报（社会科学版），2016，31（4）：14-23.

[16] 邓大才. 反思98粮改[J]. 粮食问题研究，2003（4）：8-10.

[17] 武舜臣，吴闻潭，蒋文斌. 目标价格是应对"托市困局"的良方吗？——对当前国内价格改革效果的再思考[J]. 当代经济管理，2017，39（1）：36-40.

[18] 戴维·韦默·L. 公共政策分析理论与实践[M]. 北京：中国人民大学出版社，2013.

[19] 黄宗智. 华北的小农经济与社会变迁[M]. 北京：中华书局，2000.

[20] A. 恰亚诺夫，萧正洪. 农民经济组织[M]. 北京：中央编译出版社，1996.

[21] 舒尔茨. 改造传统农业[M]. 北京：商务印书馆，2006.

[22] 高帆. 中国经济发展中的粮食增产与农民增收：一致抑或冲突[J]. 经济科学，2005（2）：5-17.

[23] 曾晓昀. 中国粮食流通全面市场化改革之促进机制研究[J]. 华南师范大学学报（社会科学版），2015（6）：152-157.

[24] 李国祥. 深化我国粮食政策性收储制度改革的思考[J]. 中州学刊，2017（7）：31-37.

[25] 顾莉丽，郭庆海，高璐. 我国玉米收储制度改革的效应及优化研究——对吉林省的个案调查[J]. 经济纵横，2018（4）：106-113.

[26] 范必. 全产业链市场化改革初探[J]. 中国行政管理，2014（6）：34-36.

Marketization Reform and Food Security (1949-2019): Conflict or Consensus?

Wu Shunchen

(*Rural Development Institute, Chinese Academy of Social Sciences, Beijing, 100732*)

Abstract: The market-oriented reform of the grain storage system will alleviate the instability of the grain market in most cases while alleviating the distortion of the grain market and improving the efficiency of the grain market. Based on the differentiated relationship between market-oriented reform and food security, the paper analyzes the development process of the grain circulation system since 1949, and discusses the performance and causes of the differentiated relationship at each stage. The analysis results show that the relationship between the two is not always consistent with the degree of perfection of the market operation mechanism and the status of food production in the management of farmers. The more important food production is in the decision-making of farmers, the more perfect the market mechanism and the marketization. The food security guarantee under the market-oriented reform of the grain storage and storage system, should based on the adjustment and improvement of food support policies, and actively cultivate new-type business entities with food production. It is equally important to maintain confidence in market means to ensure food security.

Key Words: Marketization Reform; Marketization; Food Security; Policy Enlightenment

完善优质粮食供给保障的政策探讨

郭晓东[1,2]

(1. 南京财经大学，粮食安全与战略研究中心，南京，210003；
2. 南京财经大学，现代粮食流通与安全协同创新中心，南京，210003)

摘　要：中国粮食安全形势出现新的变化，优质粮食供给不足已成为供需矛盾的主要方面。在城镇化、工业化、居民收入等宏观和微观因素作用下，优质粮食供给短缺呈现长期化趋势。在保障优质粮食供给的过程中，政府必须通过提供公共政策资源以弥补粮食市场缺陷及粮食产业的弱质性。针对目前我国优质粮食政策支持方面存在的多重缺陷，政府部门必须贯彻新发展理念，紧紧围绕国家重大部署，针对优质粮食供给问题症结，不仅促进优质原粮生产，同时也要从粮食产业链全程发力，提供优质成品粮和优质服务，实现粮油产业的转型升级和发展壮大，在更高层次上保障国家粮食安全。

关键词：粮食供需矛盾；优质粮食；政策缺陷；政策创新

一、引言

目前中国粮食安全形势出现新的变化，连年的粮食丰收基本可保证国内粮食数量上的需求，但是粮食品种供需结构矛盾日益凸显，优质粮食供给不足已成为目前我国粮食市场供需矛盾的主要方面。

伴随着经济总体水平的不断提高，我国粮食质量问题也随之逐渐成为粮食研究的焦点问题。钟甫宁（2012）认为，收入水平的提高在改善营养摄入源的同时，也优化高质量粮食消费结构。王国敏和张宁（2015）认为，数量安全基本实现之后，对于粮食安全更高的要求是向质量层次的逻辑深化，相比粮食数量安全强调解决饥饿问题，粮食质量安全强调解决粮食对人体无毒无害问题。曾晓昀（2016）也认为，粮食质量安全是粮食安全的高层次要求，而《中华人民共和国国家安全法》的第二章将粮食安全概括为粮食供给和质量安全。周敏（2003）认为，粮食质量是指粮食在使用价值方面的物质品质，包含营养品质、外观品质、有害物残留量、适口性、专用品质五个方面。关于中国粮食质量方面存在的问题，杜政（2017）认为，近年来我国粮食生产连续多年丰收，在产量大幅增长的同时，粮食供给的结构性矛盾越来越突出。其中优质强筋和低筋小麦缺口巨大，高品质食用和饲用

---

[1] 收稿日期：2019-09-08
基金项目：国家自然科学基金面上项目（71871110）、国家自然科学基金项目（71673127）、国家教育部人文社会科学基金项目（16YJC790046）、江苏高校优势学科建设工程资助项（PAPD）、南京财经大学校级项目：粮食供需结构性矛盾与优质粮食供给（GXDXL18001）。

玉米短缺。韩俊（2017）认为，市场需求旺盛、适销对路的高品质粮食产品，国内生产供给不足，或者供应成本高，而一些大路货品种，虽然国内生产供应充足，但卖不上价，甚至积压滞销。关于粮食质量问题的成因，齐皓天和程国强（2015）认为，一是由于企业社会责任缺失，企业逃避规制的成本小于违法获利；二是地方政府监管不力；三是社会监督不足。尹义坤（2016）认为，粮食质量的高低受到粮食生产、运输、加工、销售等环节的多维度影响。李福君（2017）认为，粮食质量问题的制约"瓶颈"主要在于产后收储烘干销售服务体系建设问题、农业保险问题、技术落后问题、电商销售的粮食产品上线困境、新型职业农民引进和培训问题等。随着中国经济的整体发展以及粮食流通体制的改革推进，中国粮食市场对优质粮食产品的需求日益增加，这也显著影响了国际粮食市场的形势，国外粮食业界和学界也因此对中国粮食质量问题十分关切。Pinstrup-Andersen（2009）建议要结合食物营养安全来评估发展中国家粮食安全，在此基础上提出政府保障粮食安全的政策。Lam等（2013）指出，包括中国在内的发展中国家的粮食质量问题由于粮食掺假、粮食添加非法化学物质、土地污染、某些食品带来传播病等事件而多有发生。Gandhi和Zhou（2014）通过调查指出，目前中国虽然制定了新的食品安全措施，但是供应链的薄弱环节对食品安全构成主要威胁，政府在克服供应链薄弱环节时不仅要满足有效需求，而且要向生产者传递有效的价格信号和激励。通过对文献的系统梳理和归纳发现，当前对粮食质量问题的研究较为泛化，其中对于作为粮食质量问题的重心即优质粮食供给短缺问题的专门研究尚在推进中，优质粮食供给短缺问题的特殊性并没有得到很好的关注。目前尚未形成关于优质粮食及其供给的准确概念和系统研究框架。

综合来看，"优质粮食"即指在营养品质、卫生指标、工艺品质等方面符合新时代消费者膳食需要的谷类、豆类和薯类等原粮和成品粮。随着城镇化、工业化、居民收入等宏观和微观因素的变化，保障我国优质粮食供需之间的动态平衡和在更高层次上实现粮食安全面临着长期考验。本文旨在梳理相关文献的基础上，从粮食供给侧结构性改革视角出发，对相关概念进行界定，利用近期数据且结合现实情况，对我国优质粮食供给短缺问题的形成机理进行分析，由此探索确保优质粮食供给的调控政策及其优化路径。

二、完善优质粮食供给保障的政策起因

（一）粮食消费重心由数量转向质量

随着经济社会的整体发展，我国城乡居民粮食消费需求重点已由数量转向质量。20世纪90年代中后期以来，全国居民的粮食消费量逐渐减少，同时消费品种也有很大变化，优质稻米和面粉成为主要粮食消费品种，粗粮成为健身食品。粮食的营养、卫生、工艺等指标是否符合消费者需要正成为粮食质量高低的焦点。消费者在购买粮食时，影响粮食消费行为的质量因素首先是粮食营养价值的高低及其强身健体的功能性，其次是粮食的保鲜程度及粮食包装上的感官认可度，最后是满足个人口感等生活品质程度。粮食消费重心由数量转向质量的重要标志是粮食品牌消费已成为我国当前的粮食消费时尚。

粮食产业链各环节的投机行为对粮食质量构成多重威胁，这也使得粮食质量安全颇受消费者关注，一方面是粮食生产种植环节大量施用化肥、农药和生长激素等行为威胁原粮

消费安全；另一方面是加工销售环节，使用不符合标准的加工包装工艺威胁成品粮消费安全。由于市场交易中消费者作为买者通常处于信息不对称的劣势地位，很难独立判断产品质量高低。

（二）优质粮食供给结构性短缺

国家发改委在《国家粮食安全中长期发展规划纲要》中提出到 2020 年人均消费粮食 395 公斤。按照我国人均消费 389~395 公斤计算，保持粮食自给 5 亿吨以上就是安全的。而我国粮食连年丰产，至 2017 年粮食产量连续 6 年超过 6 亿吨，这就意味着国内粮食生产在总量上是有保障的（陈炜伟，2017）。在粮食产量增加的同时，我国粮食流通能力现代化水平也进一步提升，较好地满足了居民粮食市场的数量供给。通过全面实施"粮安工程"，我国推进了重大粮食流通基础设施建设，粮食仓储设施条件明显改善（胡祖才，2018）。

目前中国粮食安全面临的主要问题是结构性矛盾，主要表现在粮食市场品种间供过于求和供给不足并存。优质粮食供给不足已成为目前我国粮食市场供需矛盾的主要方面。从原粮供给看缺少优质粮食品种，优质稻的种植比例不高，优质强筋小麦和弱筋小麦比例偏少。玉米品种的氨基酸、赖氨酸含量低，产后加工转化率低。从优质成品粮供给看，80%以上的加工原粮在市场上随机采购，同时普遍存在过度加工，造成营养物质损失、口感差（洪涛，2014）。目前，国内优质强筋麦需求 700 万吨左右，而国内优质强筋麦年产量不足 400 万吨，国内优质粳稻占比约 30%，优质籼稻占比仅为 10%。我国加工高档面粉部分或者全部使用进口麦，我国稻谷品质能与日本、泰国大米比肩的比例很少，个别地方重金属污染严重。我国许多地区玉米毒素含量高，需要与低毒素玉米搭配使用（李国祥，2018）。

（三）优质粮食供给短缺呈现长期化趋势

1. 工业化进程影响使然

我国工业化和工业现代化是一个长期的进程，在我国工业化的长期进程中，我国优质粮食供给问题始终会面临挑战。

据中国社会科学院工业经济研究所专家 2018 年预测，2011 年以后中国工业化水平就进入了工业化后期，到 2020 年中国基本实现工业化，到 2035 年中国能全面实现工业化（黄群慧，2018）。工业化导致优质农田被占用，导致我国农田总体质量下降，从而影响粮食质量安全。国土资源部 2016 年 6 月 6 日发布的《国土资源"十三五"规划纲要》显示，截至 2015 年底，全国实有耕地面积 20.26 亿亩，适宜稳定利用的耕地保有量 18.65 亿亩，基本农田保护面积在 15.6 亿亩以上，守住了 18 亿亩耕地红线。但由于补充耕地质量等级比原耕地平均相差 2~3 个质量等级，导致全国耕地质量总体偏低，耕地质量的下降不仅影响粮食产量，也影响粮食质量。

2. 城镇化进程影响使然

中国城镇化趋势将长期延续（金森森，2014）。城镇化的不断推进，会给我国优质粮食市场供给带来明显的负外部性影响，使优质粮食短缺呈长期化趋势。投入环节，城镇化进程使得大量的土地资源、水资源、技术要素、制度优势向城镇区域倾斜，优质粮食的生产条件受到挤压。根据《全国水资源综合规划》预测，城镇化导致目前全国约有 1.5 亿亩耕地受到不同程度的污染，包括早期污水灌溉污染的耕地 3250 多万亩，城市固体废弃物堆存占、毁农田 200 万亩，总的污染面积占耕地总面积的 1/10 以上，到 2030 年，即使在强化节水的情况下，农业缺水仍达 400 亿立方米左右，要保障 2020 年全国 10 亿亩有效灌溉面积仍需大量的水资源（李腾飞，2016）。

3. 居民收入增长影响使然

随着国民经济的增长，我国居民的可支配收入也不断增加，居民家庭的恩格尔系数正在逐步下降，鉴于我国经济的可持续发展趋势，居民收入增长趋势长期存在。居民收入水平的增加将会给我国优质粮食供给带来双重挤压。

首先，根据国际经验，收入增加将会带来食品消费中的改善性消费增加，增加动物性食品消费量，减少口粮消费量，这无疑会进一步拉升饲料粮需求量。从长期看，规模化和高耗粮的现代化饲养方式是中国未来畜禽养殖的发展方向，而确保谷物基本自给政策决定了中国饲料粮的供给量增加必然挤占优质口粮的生产和供给。其次，随着居民收入水平的提高和对饮食健康的追求，果蔬类农产品的需求将会增加，而这些经济作物需求的增加也会挤占我国优质粮食的生产空间。

三、制约优质粮食供给的政策缺陷

（一）优质粮食生产保障体系建设滞后

（1）生产者利益保障体系滞后。优质粮食生产标准较普通粮食作物高，在育种、播种、田间管理、品牌管理上更为细致，因而投入较多，自然使其成本较普通粮食高出很多。目前，我国粮食收购价格形成缺乏公开性、竞争性，市场价格信号扭曲，导致粮食优质品种收购价格与价值背离，优质品种未能体现优价，导致粮食生产者收益难以弥补生产投入。另外，由于政策设计和落实不当，导致政府对优质粮食生产者采用良种补贴等财政补贴政策难以发挥实际功效（张慧琴，2016）。

（2）资源保障体系滞后。自然资源和科技资源是优质粮食生产的前提和基础性要素。随着城镇化、工业化的推进，优质耕地、优质水源等自然资源要素供给面临越来越大的挑战和冲击。与此同时，政府有关优质粮食的开发推广政策扶持不足，在"互联网+"时代，农村网络基础建设不到位，应用物联网技术、远程及时诊断病虫害发生和防治服务等优质粮食生产促进工作尚未展开（戴伟辉，2012）。

（3）生产组织保障体系滞后。优质粮食的成品粮加工要求粮源品质的一致性，这就对粮食生产种植环节提出了生产规模化、标准化、有组织化的要求。通过粮食生产的规模化、标准化、有组织化，可以扩大机械作业和统一供种、统一田间管理等，提高粮食生产环节的粮食质量控制水平。而目前我国的粮食生产的规模化、标准化、有组织化程度不高，发展不平衡（程民选，2015）。

（二）优质粮食流通服务保障体系建设滞后

（1）专收专储制度的缺失。规模化生产条件下，粮食产后的混收混储是降低粮食品质的重要因素，故建立专收专储制度是保障优质粮食供给的重要环节。目前我国除少数粮食加工企业外，多数收储商也包括政策性粮食收储的国有粮食收储企业，仅对收购粮食的水分和杂质提出要求，未将收购的粮食按照质量等级和专用品种分类。粮食规模化生产条件下，混收混储降低了粮食品质（李国祥，2018）。

（2）原粮干燥处理服务能力的缺失。粮食收割期间，绝大部分种植户由于没有烘干机械设备，仍采取传统手工方法晾晒，与此同时，以国家库为主的粮食收购企业，虽然具备一定的粮食烘干处理能力，但能力有限，无法满足数量巨大的粮食烘干存储需求，从而影响原粮品质。2016年，全国谷物烘干处理的比例仅占10%~15%，较欧美90%的平均水平以及日本92%还存在很大的差距（任蓉，2017）。

（3）粮食仓储轮换能力缺失。目前国家粮食储备体系运作中存在着轮换不畅、推陈储新缓慢以及"转圈粮"等弊端，由此造成了储备粮的种用品质、食用品质以及工艺品质的降低，在质量层面上危及粮食储备安全。目前我国国家粮食储备规模已达高水平，从主粮库存消费比看，远超17%~18%的国际标准（程国强，2013），这也影响着粮食仓储轮换效率。

（4）粮食物流周转能力滞后。我国目前粮食物流基础设施仍不完善，且粮食物流的仓储、运输、供应等环节之间缺乏有效的衔接和整合，粮食迂回运输、无序流动的问题尚未得到根本解决。据调查统计，我国粮食从产区到销区的物流费用占粮食销售价格的30%~35%，而美国的粮食物流成本仅为我国的40%（周新韶，2012）。较低的粮食物流效率和更高的粮食物流成本无法满足优质粮食的存储，也严重制约了优质粮食的加工销售。

（5）粮食加工水平落后。一是粮食加工产业的技术基础薄弱，导致产业结构不合理，简单加工的预包装大米、面粉等产品的产能相对过剩，而深加工水平较低，致使粮食中大量B族维生素、矿物元素和膳食纤维等多种营养流失；二是加工理念落后，注重产品外观，忽视粮食品质的绿色安全（姚惠源，2015）。

（三）粮食质量监管保障体系建设滞后

（1）粮食质量监控标准和法规建设滞后。目前我国直接与粮食质量安全有关的法规还很不完善。一是内容不够全面。为国际社会广泛采用的粮食质量安全追溯制度、粮食企业粮食质量安全责任保障制度、风险评估制度、预警制度、危机处理制度、不安全粮食产品处理制度、粮食质量安全事故处理制度、事故赔偿制度等一些重要内容或尚未纳入法律调整范围，或是不够全面。二是威慑力不够。有些条款比较原则，处罚力度低，可操作性差。如对为假冒伪劣产品提供原材料和其他条件者无相关处罚条款。三是对于污染粮食的监管和处置上只堵不疏，监管和处置成本过高（孙丽娟，2016）。

（2）国家粮食质量安全标准工作滞后。一是标准内容缺失。中国大米、面粉产品的质量标准尚停留在一些物理指标，如水分、杂质、灰分、碎米含量及色泽等感观指标，缺少营养和卫生指标。中国农作物农药残留限量标准等国家标准和行业标准更新速度缓慢，落后于粮食市场快速发展的需要（唐明贵，2009）。二是标准实施滞后。企业标准意识淡薄，许多标准发挥作用小；各级粮食行政管理部门标准管理职能机构不明确或缺失及高素质标准化人才缺乏等，影响了标准工作效率（李经谋，2017）。

（3）粮食质量监控体制有待完善。监管部门职能交叉，造成监管力量和监督资源分散。我国目前有两套食品安全监测（包括抽检）体系，一套是以农业、卫生等部门为主体,以发现问题开展风险评估为目的的监测体系;另一套是以各级政府为主体,以履行监管职责为目的的监测与抽检体系。从运行上看,由于监管缺乏科学统一规划,既使监管综合成本高又使层级间信息难以共享,影响监管效果(李经谋,2017)。

(4)粮食质量监控能力有待提升。一是粮食质量检验监测能力不足。市县级粮食质量检测能力建设严重滞后并且不平衡。有关部门对社会普遍关注的农药残留、重金属、真菌毒素等卫生指标存在检不出、检不准、检得慢等情况,多数粮食购销和生产企业检测能力不足,不能达到《粮食流通管理条例》规定。二是对粮食质量安全监管投入少。体现在:技术研究与开发投入少,检测人员配备不足,检测设备难以更新换代,只能进行一些常规项目的检测,难以保证正常监管(朱新华,2014)。

四、政策优化和创新路径

(一)政策目标和原则

党的十九大报告指出,"中国特色社会主义进入新时代,我国社会的主要矛盾已经转化为人民日益增长的美好生活需要和不平衡不充分的发展之间的矛盾"(中共中央文献研究室,2014)。这一准确判断,为粮食工作者进一步认清国情、粮情,制定正确的粮食政策以化解优质粮食供给短缺问题,提供了基本依据。在粮食经济活动的统一体中,粮食"供给侧"是基础,"需求侧"是目标,它们都是社会再生产的有机组成部分,存在相互依存、相互制约、相互促进的辩证关系。政府必须通过运用公共政策资源弥补粮食市场缺陷以保障优质粮食供给,从而更好地满足人民群众对包括优质粮食在内的物质生活的更高、更美好的需求。为此,相关部门必须以新时代中国特色社会主义思想为根本政策遵循,贯彻"创新、协调、绿色、开放、共享"的新发展理念,紧紧围绕供给侧结构性改革、乡村振兴战略、健康中国战略、粮食安全战略等国家重大部署,针对优质粮食供给问题症结,在满足消费者需求基础上,不仅从粮食生产源头着手促进优质原粮生产,也要同时从粮食产业链全程发力,切实提高优质粮油的销售额、美誉度和实际覆盖率,通过提供优质成品粮和优质服务实现粮油产业的转型升级和发展壮大,形成高质量保障国家粮食安全、促进粮食产业高质量发展的政策体系。

(二)优质粮食生产支持政策创新

1. 创新优质粮食生产者利益保障体系

(1)通过构筑开放、竞争、有序的全国粮食市场体系,完善市场价格形成机制和市场交易传导机制,使优质粮价格大体上体现其价值。该措施有助于在互利互补的基础上实现优质粮食供需双方净福利的增加,从而最大限度地遏制粮食生产报酬递减趋势,促使优质粮食生产稳定和优质粮食供应稳定;有助于发挥符合价值规律的优质优价、优胜劣汰效应,拉开粮食产品的品质差价,推动粮食品质优化,实现优质粮食供需平衡。

(2)在国家财力日益雄厚的背景下,国家完全有必要借鉴国际经验,大幅度增加优质粮食生产的支持和补贴,尤其是加大对重点优质粮食品种的直接补贴,提高农民种粮收益。为此,要形成生产与政策联动协调机制;构建包括重点品种种植补贴,区域优质粮食产业带建设补贴、病虫害绿色防控补贴、绿色肥料使用补贴等的优质粮食生产补贴政策体系。

（3）完善优质粮食补贴政策体系。其一，每一粮食补贴政策的制定和组织实施，都应包括自下而上和自上而下的过程，由中央政府制定优质粮食补贴政策总体框架，提供主要资金支持，地方财政转移支付主要用于与中央财政转移支付配套。其二，粮食补贴兼顾数量安全和质量安全，兼顾粮食增长和资源保护，使政策点面兼顾、综合发展，提高效益。其三，推动优质粮食补贴的政策法律化进程，从而硬化约束力，降低政策运行的制度成本，并给农户、粮食加工企业以及农资生产企业等优质粮食生产经营者以明确信号，减少其风险预期。

2. 创新环境资源和科技资源保障体系

（1）制定保护优质粮食生产环境资源的法律法规和规划，对污染环境行为主体实行惩罚性财税政策，对保护和改善环境行为主体实行奖励性财税政策。如可制定和实行耕地改良补贴政策、耕地改造政策、耕地整治补贴政策、非法改变耕地用途的经济惩罚政策等，推动耕地尤其是粮田数量和质量的保护性利用；可制定和实行优质粮食生产教育、科研、技术推广、气象和环境保护等财政援助政策等。

（2）完善以企业为主体、市场为导向、政产学研相结合的粮油技术创新体制机制。如应加大对粮食科研投入，完善科技机构和人员绩效考核激励机制，积极引导科研机构面向市场和社会需求确立优质粮食生产技术的攻关优先序，开发先进适用技术等。

（3）加大对粮种资源改良的政策支持。如健全种子质量管理、监督、检测的行政、事业体制，加大《中华人民共和国种子法》和《中华人民共和国植物新品种保护条例》等法律的贯彻实施力度，完善农技推广机构和人员绩效考核激励机制等。

（4）制定高新技术引进补贴政策、高新技术使用损失补贴政策、高新技术应用培训补贴政策、高新技术推广奖励政策等，进一步推动优质粮食的产业化。

（5）制定生产设施维护补贴政策、生产设施新建补贴政策、生产设施配套补贴政策等，进一步解决好粮食生产设施完善问题。

3. 创新优质粮食生产组织保障体系

（1）政府部门切实发挥对优质粮食组织化、标准化生产的支持、引导、服务作用。为此，要给予综合性农民合作组织必要的法律和政策支持环境，积极组织培训，普及组织成员的生产技术知识、组织运行知识、经营管理知识等，促进农民合作组织规范发展。

（2）建立外部资源良性介入与生产组织内部经营相结合机制，促进形成粮食生产组织创新发展，可持续发展的模式。

（3）积极提供优质粮食产前、产中、产后的配套服务。为此，通过优质粮食产前信息和种源、化肥及农药等要素服务保证农户扩大生产规模；通过优质粮食产中的标准化技术服务节约大量的劳动时间，保证作物生长质量；通过优质粮食产后服务把粮食生产、销售等环节连接起来为农业可持续发展开辟广阔前景。

（三）优质粮食流通支持政策创新

1. 健全优质粮食产后服务体系

（1）以国家"优质粮食工程"项目为支撑，配套专项资金扶持，扩大覆盖面，加速建立健全粮食产后服务体系。在建设过程中要针对原粮干燥处理、按品质专收专储等服务新需求开展调研,对优化相关服务的体制、机制、管理、模式及技术问题进行探索、总结和推广。

(2) 动员社会力量,建立股份制合作机制,加快建设集仓储、加工、贸易、质检、信息服务于一体的粮食产后服务中心以扩大服务覆盖面。重点鼓励地方国有骨干收储企业,农民合作社,民营龙头企业独资或者合资参与建设。

(3) 坚持科学发展、协调发展,突出合理规划布局,尽力实现粮食产区全覆盖,服务项目全覆盖。

2. 完善优质粮食物流管理体系

(1) 粮食物流部门和企业应服务于改善优质粮油供给的市场需求和社会需求,加快整合上下游粮食物流资源,强化粮食物流的信息服务、集散、储备、贸易、加工、配送、检验等经营环节的资源优势,打造现代化粮食物流综合服务平台,同时加紧培育充实适应现代化粮食物流需要的人才队伍,为粮食物流现代化提供物力和智力支撑。

(2) 粮食物流部门和企业要重点提升粮食物流信息化水平,加快粮食物流信息化建设步伐,重点推广使用"互联网+"技术,大力发展粮食电子商务,全面提升粮食物流信息化水平与创新粮食流通方式,实现粮食经济高质量发展形势下的商流、物流、信息流的融合互通。

(3) 粮食物流部门和企业应结合优质粮食的市场需求和社会需求,积极改善粮食仓储基础条件,努力创新粮食储备机制,规范仓储管理行为,提升功能。可通过订单农业、粮田租赁等市场化方式,拓宽原粮收储渠道,确保粮食质量,降低粮食收储轮入成本;可通过陈粮轮换与加工增值结合,实现储备粮食轮换增值,创造双赢局面。

3. 完善粮食加工质量保障体系

(1) 各级政府应按照中国国家工业和信息化部、国家粮食局和农业部联合制订并发布的《粮食加工业发展规划(2011~2020年)》要求,努力完善以企业为主体、市场为导向、政产学研相结合的粮油技术创新体制机制,通过政策手段推进粮食加工业的技术创新与制度创新,加快提升我国粮食加工质量水平。

(2) 各级政府应完善科技机构和人员绩效考核激励机制,积极引导科研机构面向粮食市场需求,开发先进适用技术和产品。如加大对粮食科研投入,加速建设技术创新服务平台,建成若干个国家工程实验室或工程技术研究中心,提高科技成果转化率和提升关键装备自主化率水平;应制定粮食副产品深度综合利用的试点政策,鼓励支持企业探索多元化途径实现粮食副产物全值利用;重点推广高端加工设备和先进实用技术等。

(3) 国家和地方可以共同制定相关政策对粮食加工企业进行资金投入扶持。例如基于贷款优惠、税收减免等政策,鼓励粮食加工企业进行技术创新,促进粮食加工转化率的提升。

(4) 鼓励粮食加工企业通过不断的技术革新和企业经营管理机制创新,提高粮食加工附加值,以产生品牌效应,进而通过提高品牌附加值获得更多的利润。

(四) 粮食质量监管保障政策创新

1. 完善粮食质量监控标准和法规

（1）将粮食质量标准技术要求与法律进行结合。不安全粮食对消费者造成损害多为慢性的，因此，我国应该对粮食安全标准的制定和实施以法律上的保障，将法律用于粮食质量安全的事前防范。

（2）完善法律内容。粮食安全立法应涵盖粮食供应链的各个环节，形成相互协调、互为促进、门类齐全、结构严密的粮食安全法体系；粮食质量法规能完整地规定整个粮食供应链的质量安全要求，加重对责任主体违法处罚，违法处罚可包括民事赔偿责任、行政处罚和刑事制裁。

（3）根据粮食的不同用途、产品形态和加工工艺，科学设定粮食污染物限量标准和全面质量控制要求，同时建立覆盖粮食生产、收购、储存、运输、加工、销售全过程的作业规范，明确生产经营主体的质量安全保障责任和义务。

2. 完善粮食质量监管体制

（1）明确监管主体职责。为此，建立独立的、具有完全管理职能的粮食行政管理部门，赋予其完全的粮食流通管理主体职能，改变监督职能部门划分过细、职能交叉的现状；严格实行粮食质量安全监管责任制和责任追究制度，强化县乡两级监管责任；建立第三方粮食检验检测机构，扩展粮食检验检测的广度与深度。

（2）设立粮食质量安全监管联席会议制度，建立粮食质量监管的联动机制。为此，以"严防、严管、严控食品安全风险，保证广大人民群众吃得放心、安心"为共同目标，建立信息预警、质检、工商、粮食、经济管理、司法等相关部门参加的联席会议制度，实现信息共享，弥合监管缝隙，形成监管合力。

3. 提升粮食质量监测能力

（1）完善质检部门的检测仪器设备。结合国家"优质粮食工程"建设，按照国家粮食局提出的粮食质量安全监管"机构成网络、监测全覆盖、监管无盲区"的要求积极争取各类资金投入，不断更新和完善检验仪器和监管设备。

（2）加强检验监管人才的培养。为此，抓紧培养和引进一大批标准、质量工作的技术专家和管理专家队伍，以提升粮食质量检验监测能力。

（3）将粮食质量日常监督与专项检查相结合，形成粮食质量监控的长效机制。为此，加强粮食质量日常监管，严格规范粮食经营许可制度；严格执行粮食出入库检验制度、索证索票制度、质量档案制度等；加强对粮油经营者履行质量安全主体责任情况的日常监督检查，建立检查档案，推进信用分级分类管理；开展粮食质量安全的定期和不定期的抽查行动等。

五、结论

进入新时代，我国粮食安全的主要矛盾已转变为人民日益增长的对粮食消费品质的需要与优质粮食产品和服务供给不充分、不平衡的矛盾。随着城镇化、工业化、居民收入等宏观和微观因素长期发挥作用，我国粮食市场优质粮食供给短缺呈现长期化趋势。粮食政策主体,主要是政府相关部门和粮食行业组织,应贯彻新时代中国特色社会主义思想,坚持民本宗旨,坚持问题导向,协调运用市场机制和政府机制,针对优质粮食供给问题的症结点实行辨证施治。在政策制定上应在尊重粮食再生产客观规律的基础上,围绕制约优质粮食供给的生产、流通、监管的症结进行系统决策,以提高政策的协同性、稳定性和长效性,从而全面提升优质粮食供给问题的治理能力和水平,在更高层次上保障国家粮食安全。

参考文献

[1] 钟甫宁.城镇化对粮食需求的影响——基于热量消费视角的分析[J].农业技术经济,2012(1):4-10.

[2] 王国敏,张宁.中国粮食安全三层次的逻辑递进研究[J].农村经济,2015(4):3-8.

[3] 曾晓昀.粮食质量安全:中国《粮食法》安全价值之实现[J].学术论坛,2016(6):79-83.

[4] 周敏.关于粮食质量需要研讨的几个问题[J].农业质量标准,2003(2):23-26.

[5] 杜政.实施中国好粮油行动计划促进粮食产业提质升级[J].中国粮食经济,2017(6):14-18.

[6] 韩俊.供给侧结构性改革是塑造中国农业未来的关键之举[J].云南农业,2017(7):5-9.

[7] 齐皓天,程国强.构建五位一体的社会治理体系保障粮食质量安全[J].中国粮食经济,2015(9):12-18.

[8] 尹义坤.粮食质量——长春市消费者行为取向研究[J].吉林省经济管理干部学院学报,2016(4):5-10.

[9] 李福君.实施优质粮食工程推进粮食供给侧结构性改革的路径探究[J].中国粮食经济,2017(11):54-59.

[10] Pinstrup-Andersen P. Food Security: Definition and Measurement [J]. Food Security, 2009, 1 (1): 5-7.

[11] Lam H M, Remais J, Fung M C, Xu L, Sun, S S M. Food Supply and Food Safety Issues in China [J]. The Lancet, 2013, 381 (9882): 2044-2053.

[12] Gandhi V P, Zhou Z. Food Demand and The Food Security Challenge with Rapid Economic Growth in The Emerging Economies of India And China [J]. Food Research International, 2014 (63): 108-124.

[13] 陈炜伟,2017年我国粮食生产再获丰收[EB/OL].新华网,http://www.xinhuanet.com/2017-12/08/c_1122079717.html.

[14] 胡祖才:在全国粮食流通工作会议上的讲话[EB/OL].国家粮食局,http://www.chinagrain.gov.cn/n316987/n1173458/n1173510/c1183331/content.htm.

[15] 洪涛.中国粮食安全发展报告2013-2014[M].北京:经济管理出版社,2014:156-158.

[16] 李国祥.加快构建新时代国家粮食安全保障体系[J].中国粮食经济,2018(1):24-27.

[17] 黄群慧.改革开放40年中国的产业发展与工业化进程[J].中国工业经济,2018(9):5-22.

[18] 金森森.城镇化进程中的粮食安全问题研究[D].河南工业大学论文,2014:37.

[19] 李腾飞."十三五"时期我国粮食安全的重新审视与体系建构[J].农业现代化研究,2016(4):657-659.

[20] 张慧琴.粮食生产补贴政策评价研究[D].沈阳农业大学论文,2016:80.

[21] 戴伟辉.中国环保产业运行机制研究[D].吉林大学论文,2012:74.

[22] 程民选.粮食生产组织化程度的提高:市场内生与政府引导[J].当代经济研究,2015(1):

36—41.

[23] 任蓉. 供给侧改革背景下我国粮食产后服务体系建设思考 [J]. 粮食科技与经济, 2017 (12): 16—29.

[24] 程国强. 中国目前粮食供给形势为历史最好 [N]. 东方早报, 2013—12—05.

[25] 周新韶, 吴砚峰. 浅析我国粮食物流的问题及对策 [J]. 中国商贸, 2012 (17): 144—145.

[26] 姚惠源. 中国粮食加工科技与产业的发展现状与趋势 [J]. 中国农业科学, 2015, 48 (17): 3541—3546.

[27] 孙丽娟. 我国主要粮食产品质量标准问题分析 [J]. 农产品质量与安全, 2016 (2): 38—42.

[28] 唐明贵. 我国粮食质量安全的现状与对策 [J]. 作物研究, 2009 (1): 7—10.

[29] 李经谋. 中国粮食市场发展报告2017 [M]. 北京: 中国财政经济出版社, 2017: 140.

[30] 朱新华. 加快完善粮食质量安全监管体系 [J]. 中国粮食经济, 2014 (2): 48—52.

[31] 中共中央文献研究室. 习近平关于全面深化改革论述摘编 [M]. 北京: 中央文献出版社, 2014: 28.

Discussion on the Policy of Improving the Guarantee of High Quality Food Supply

Guo Xiaodong[1,2]

(1. Center for Food Security and Strategic Studies, Nanjing University of Finance and Economics, Nanjing, 210003 China; 2. Collaborative Innovation Center of Modern Grain Circulation and Safety, Nanjing University of Finance and Economics, Nanjing, 210003 China)

Abstract: New changes have taken place in China's food security situation. The contradiction between the supply and demand structure of grain varieties has become increasingly prominent. The insufficient supply of high-quality grain has become the main aspect of the contradiction between supply and demand. With the macro and micro factors such as urbanization, industrialization and residents' income playing a long-term role, the shortage of high-quality grain supply presents a long-term trend. In the process of guaranteeing high-quality food supply, the government must provide public policy resources to make up for the shortcomings of the grain market and the weakness of the grain industry. In view of the multiple shortcomings in the support policy of high-quality grain in China, the government must establish new development concept, which focus on the major deployment of the country, and is aim at the crux of the problem of high-quality grain supply. And then we can ensure food security at a higher level.

Key Words: Contradiction between Supply and Demand of Grain; High-quality Grain; Policy Defects; Policy Innovation

中国玉米临时收储制度改革及政策优化研究

马俊凯[1,2]

(1. 南京财经大学，粮食安全与战略研究中心，南京，210003
2. 南京财经大学，现代粮食流通与安全协同创新中心，南京，210003)

摘 要：考虑到玉米临时收储制度实施后的诸多问题，2016年我国东北地区取消了实行近十年的玉米临时收储制度，调整为"市场化收购"加"生产者补贴"的新机制。改革取得较大突破，主要体现在玉米和其他农产品比价趋于合理，与国际市场价差逐渐缩小。但从实践结果来看，仍然存在农户种植玉米收益下降、卖粮难、种植结构调整的问题，需要继续坚持市场化收购加补贴的改革方向，引导种植结构的调整，鼓励粮食收购主体多元化，推进农地适度规模经营，在不断创新农民增收思路的同时实现玉米上下游产业的协调发展。

关键词：玉米临时收储制度；改革；价补分离；市场化收购

一、引言

洪范八政，食为政首。一直以来，粮食问题都是治国安邦的首要问题。党的十九大报告中明确指出，"确保国家粮食安全，把中国人的饭碗牢牢端在自己手中，实施粮食安全战略，让中国人民吃得放心"。2019年中央1号文件中同样指出，在粮食收储方面，要发挥市场机制作用，完善稻谷和小麦最低收购价政策，完善玉米和大豆生产者补贴政策。粮食收储制度是保障粮食安全的重要一环，完善粮食收储制度是农业供给侧结构性改革的重要内容。目前，不断推进粮食收储制度改革，选择适合我国国情的粮食收储制度是农业工作的重中之重。

针对我国粮食收储制度改革方向，学者们有不同的思路。部分学者主张发挥市场的资源配置作用，程国强（2016）认为，我国粮食收储制度改革应坚持价补分离和配套支持的思路，在推出粮价支持的同时进行种粮收益补贴，让市场在粮食收储中发挥主导作用，同时按照"分类处置、分期消化"的思路，降价处理粮食临储库存。张天佐等（2018）指出，改革开放以来，我国农业支持保护制度改革始终围绕发挥市场在资源配置中的重要作用以及更好地发挥政府作用展开，为了完善农业支持保护制度，今后农业支持保护制度的改革仍然要坚持发挥价格支持和补贴政策的导向作用。在完善制度改革方面，钟钰（2016）主张逐步构建粮食补贴的法律与制度体系，使法律法规和制度成为确保粮食综合

---

① 收稿日期：2019-10-10

能力稳步提高的重要保障。李国祥（2017）认为，要想继续深化我国粮食收储制度改革，除了对实施范围、托市收购价格、执行主体等进行重新确定和规范，还要在粮食收购资金保障、粮食生产者补贴、粮食品牌建设以及优质绿色粮食市场机制等多方面进行相应配套改革，包括政府要精选最低收购价实施范围、合理确定最低收购价水平、执行粮食收储政策主体要逐步多元化等。武舜臣等（2017）提出，粮食"去库存"应兼顾粮食产业链上下游间的发展实际，要从全产业链角度实现粮食流通市场化推进，从而保障粮食安全。部分学者从收储制度变革对生产、生活影响方面做了实证分析，顾莉丽等（2017）通过对吉林省288户农户的调查，指出粮食收储制度改革后出现的主要问题是农民卖粮难以及随之带来的收入减少，而对于收储政策调整后的补贴效率及公平度也应该关注，目前而言，国家应尽快确定目标价格水平，同时创新农民增收思路、优化粮食市场收购结构。刘丹妮等（2017）对于玉米高库存的现象，针对不同加工用途、不同副产品利用程度下玉米转化的成本收益进行了量化分析，对比了不同加工方式的降级效益，着重从加工角度提出了缓解玉米库存压力过大的政策建议。刘慧等（2018）基于对东北玉米优势产区和非优势产区的调查研究，从保障玉米产能、稳定玉米种植户收入的角度出发，认为对于优势产区，应注重提高农户的种粮积极性，进一步提高产能，并建议补贴政策进一步向优势产区倾斜，同时提高补贴标准，而对于非优势产区，应该引导种植结构调整来提升农民收入。

作为我国传统主粮之一，玉米的稳产高产对于保障我国粮食安全和稳定农民收入具有重要作用。在2008年10月和2016年3月国家针对玉米收储制度进行了两次改革，既有成效也有问题，那么改革成效如何？改革又带来什么新的问题？这些都值得我们总结和反思。同时，梳理好这些问题对于我国进一步完善玉米收储制度改革以及之后进行其他主粮收储制度改革都具有重要意义。

二、玉米临时收储制度改革

（一）玉米临储制度实施背景

2008年10月下旬，为免受国际粮价剧烈波动的影响，缓解农民丰产不增收的困境，政府出台玉米临时收储政策，主要涉及东北三省以及内蒙古自治区。政策的本身含义是当玉米市场价格较低时，国家发改委、国家粮食局、财政部、中国农业发展银行等部门联合确定当年的临时收储价格，企业进行收购，以此方式来保证农民收入稳定以及保障国家粮食安全；当玉米价格较高时，政府发挥宏观调控作用，将储备库中的部分储备粮进行拍卖，增加市场供给，以确保市场稳定。

从改革的背景来看，主要有以下几点：第一，国际玉米价格剧烈波动。2008年正处于金融危机时期，国际粮食市场价格频繁波动，容易对国内粮食市场造成严重冲击，实行玉米临时收储制度有利于稳定国内粮食市场的玉米价格（朱思睿等，2019）。第二，国内玉米生产成本连年上升，农民相对收入减少。在2004~2008年，我国每亩玉米生产成本分别为375.70元、392.28元、411.77元、449.70元和523.45元。如图1所示，2008年之前玉米的生产成本连年上涨，且涨幅较大。从这方面考虑，临时收储价格有利于保障农民的利益。第三，玉米生产不振，造成了国内玉米市场供求关系偏紧的态势。如图2所示，

2006年、2007年我国玉米总产量分别为15160万吨、15512万吨,与1998年玉米总产量相比,增幅为10%左右,但考虑到人口增长,人均粮食占有率仍低于1998年,如此缓慢的增产速度远不能满足人民生活和社会生产的需要。作为我国主粮之一的玉米生产不足不仅会造成玉米下游相关产业链的发展不振,更有可能会危及国家粮食安全,玉米临时收储制度的出台有利于刺激玉米生产,稳定玉米的产量。基于以上三点考虑,我国于2008年10月出台了针对"三省一区"的玉米临时收储政策。

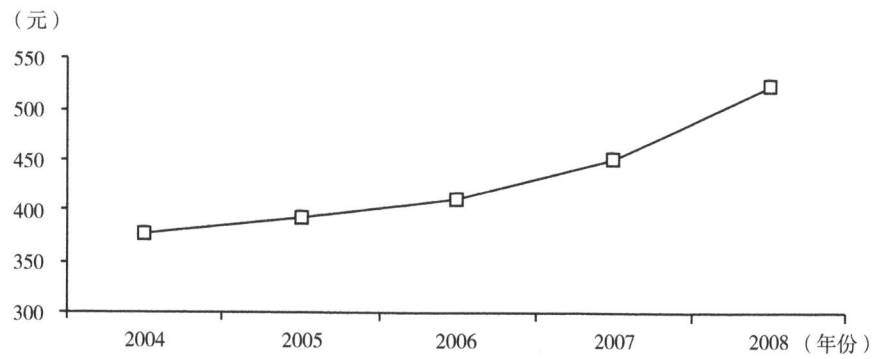

图1　2004~2008年玉米生产总成本

资料来源:根据《中国农村统计年鉴》(2005~2009年)数据整理得到。

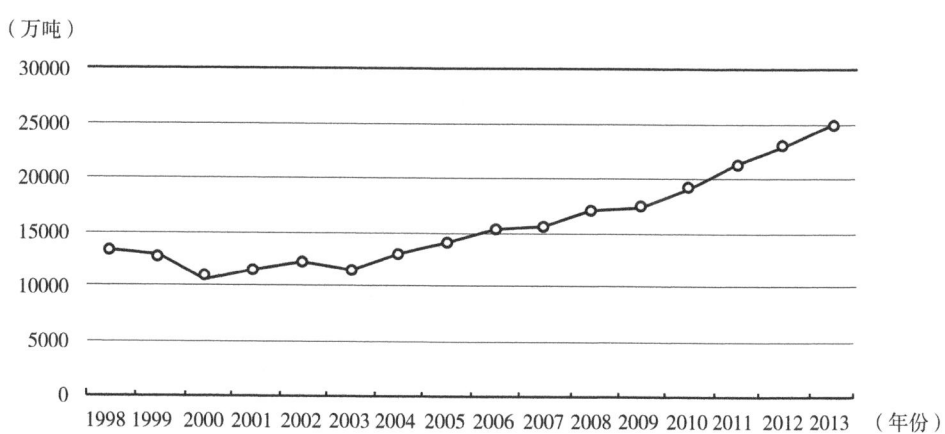

图2　1998~2013年中国玉米总产量

资料来源:根据《中国农村统计年鉴》(1999~2014年)数据整理得到。

(二)玉米临时收储制度实施效果

玉米临时收储制度实施以来,取得显著效果。

(1)国内玉米市场价格趋于稳定,玉米进口量减少。2008年下半年在金融危机对国际粮价造成严重影响的背景下,我国国内市场粮价波动明显更小(如图3所示)。临储价格托底,辅之以储备粮拍卖制度,较好地稳定了我国国内市场玉米的价格。

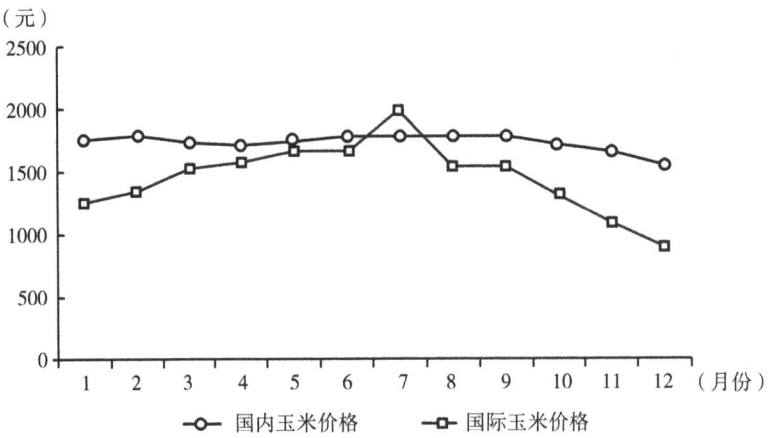

图3 2008年国内外玉米价格走势图对比

资料来源：国内玉米价格由商务部数据中心整理所得；国际玉米价格指CBOT玉米月度平均价格。

（2）农民增收效果明显。在玉米临储制度实施后，如表1所示，玉米临储价格不断攀升。在此背景下我国玉米均价从2008年上半年1650元/吨一路猛增到2011年的2560元/吨，创造了历史新高价格。随后几年临储价格虽然趋稳，但玉米收购价格仍在缓慢上涨，到2014年达到2700元/吨，临储价格的连续上涨可以刺激农民收入。

表1 2008~2015年我国玉米临储价格表

单位：元/斤

年份 \ 省份	内蒙古、辽宁	吉林	黑龙江
2008	1.52	1.50	1.48
2009	1.52	1.50	1.48
2010	1.82	1.80	1.78
2011	2.00	1.98	1.96
2012	2.14	2.12	2.10
2013	2.26	2.24	2.22
2014	2.26	2.24	2.22
2015	2.00	2.00	2.00

资料来源：根据国家粮食局历年发布的国家临储玉米收购价格整理所得。

（3）玉米总产量大幅提升、种植面积不断扩张。2008~2015年，东北三省及内蒙古自治区玉米临储价格普遍增长超过30%。随着玉米收购价格的逐年提高，我国玉米产量、播种面积不断上升，产量从2008年的17212万吨增长到2015年的22458万吨，播种面积从29863千公顷增长到31819千公顷。

（4）粮食流通环节减少，提高了流通效率。2008年我国受到金融危机的影响，经济下行趋势明显，玉米下游产业包括玉米加工行业以及养殖业的不景气造成了农民玉米"卖粮难"的情况，而玉米临时收储制度出台后大型粮食收购企业直接将农民手里的粮进行收购，缓解了农村"卖粮难"的局面。国家每年制订相应的玉米收储计划对玉米直接进行收购极大地方便了农村农民粮食的售卖，减少了流通环节，提高了玉米流通效率。

（三）玉米临时收储制度取消的原因

虽然临储制度实施效果明显，但是政府直接运用最低价调整玉米价格毫无疑问会影响玉米市场正常的供求关系，严重扭曲市场价格。经过几年的发展，玉米临时收储制度的弊端开始慢慢显现。具体来说有以下几点：

（1）玉米"高库存"情况严重。玉米临时收储制度实施以来，临储价格持续走高，导致玉米种植面积、产量不断增长，但同时玉米拍卖不畅，2014年、2015年临储玉米拍卖数量均为0，加剧了玉米的"高库存"局面。在2008~2011年间，临储玉米收购量分别为3566万吨、134万吨、1100万吨、3083万吨，之后几年收购量出现大幅增长，到2015年，玉米临储收购量已经达到了10353万吨。2012~2015年玉米临储库存已经达到了2.5亿吨，超过了我国一年的玉米产量，形成"收不进、调不动、销不出、储不下"的尴尬局面，"高库存"随之带来的是高储存费用以及陈粮腐坏的负面影响（郭天宝等，2018）。

（2）玉米进口量持续增长。国内玉米产量持续增长的同时玉米市场价格却屡创新高，而国际市场玉米价格持续走低，这导致国内外玉米市场出现价格倒挂现象，使得国产玉米几乎丧失了市场竞争力。最终造成国内玉米库存积压严重、销售不畅与国外玉米的大规模进口并存的现象。如图4所示，2008~2015年我国无论是玉米进口量还是玉米净进口量都整体呈上升趋势，国外玉米对国内玉米生产形成严重冲击，国内玉米与国外玉米相比在价格竞争中几乎毫无优势。

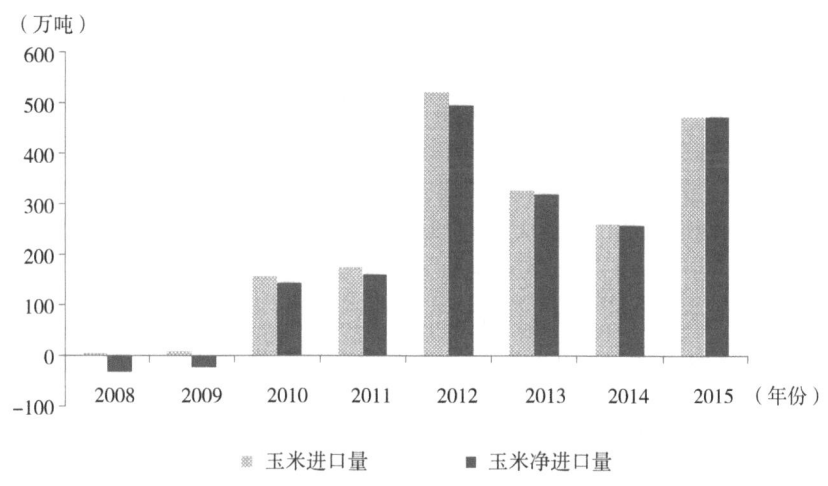

图4 2008~2015年我国玉米进口量及净进口量情况

资料来源：由中国海关官网数据整理所得。

（3）玉米下游产业生产成本持续上升。进入21世纪以后，玉米已经不再是我国主要口粮消费品种，目前我国用于口粮消费的玉米数量仅占总产量的10%，工业用粮和饲料用粮占比上升。2008年之后，我国玉米临时收储价格带动畜牧业和加工业的原料价格不断提升，意味着以玉米为原料的相关下游产业的生产成本在不断上升，这导致酒精、淀粉等行业的亏损企业数量连年增长，甚至出现停产情况，全国玉米加工业开工率不足一半。生猪市场受饲料价格上涨的影响，价格波动巨大，一度出现了"过山车"的局面，最高亏损达到200元/头（郭庆海，2015）。

（4）国家财政负担过重。2013~2015年我国玉米临时收储总量分别达到6919万吨、8312万吨、10353万吨，而同期玉米临时收储价格分别为2240元/吨，2240元/吨，2000元/吨，以此计算这三年政府总共要支出近5500亿元来进行收购。另外，居高不下的收购价又导致了市场需求不足，使得玉米库存销售不畅，玉米收购后大量堆积在仓储库中，造成"库满为患"的局面，2015年和2016年玉米期末库存量都超过了亿吨，分别为1.58亿吨和2.65亿吨，形成了高额的仓储费用。2015~2016年，玉米库存仓储成本高达630亿元，这些也给国家财政背上了沉重的负担。

（5）农作物种植结构不合理。大豆是玉米在东北地区主要的替代作物，相较而言，一方面玉米单产是大豆单产的约3.5倍，但大豆市场价格不足玉米市场价格的3倍，种植玉米的效益明显更高；另一方面考虑到大豆相对玉米种植来说风险更大，政府相关政策又引导农户种植高产玉米，造成部分农民连续扩大玉米的种植面积。从种植面积数据统计来看也确实如此，"三省一区"在农作物种植面积上都完全呈现"玉米进，大豆退"的局面（见图5）。玉米种植面积连年上涨，大豆种植面积却连年下降，这种情况导致近年来我国大豆产量不足，进口数量连年上涨的局面。可以说玉米临时收储制度的实施一定程度上造成了粮食作物种植结构的不合理现象。

三、价补分离新机制的政策分析

考虑到玉米临时收储制度堆积的诸多问题，2016年3月28日，国家发改委联合财政部、国家粮食局等部门在媒体通气会上正式宣布：2016年之后，东北三省和内蒙古自治区将取消施行了近十年的玉米临时收储制度，调整为"市场化收购"加"生产者补贴"的新机制，即一方面让市场来决定玉米的价格，如实反映实际的市场供求，农民随行就市自行出售玉米，玉米收购主体自主进入市场进行玉米收购。另一方面对玉米生产者实行补贴，地方政府将中央财政拨付的资金统筹补贴到玉米生产者手中，对玉米种植户给予一定的财政补贴，在保证农民收益基本稳定的同时保障国家粮食安全。

"市场化收购"加"生产者补贴"的改革会对我国玉米生产、流通等各方面都产生深刻影响。

（1）玉米市场价格下降，农民种植玉米收益减少。收储制度改革初期，玉米价格从2015年均价1元/斤下跌到2016年0.7元/斤左右，按玉米亩产1000公斤计算，玉米种植户的亩均损失在600元左右，虽然东北三省及内蒙古自治区有生产者补贴制度的支持，每亩补贴种粮户170元，但农民种植玉米收益不断下降仍然是不争的事实。

（2）临时收储制度取消，农村频繁出现玉米"卖粮难"的问题。在实行临时收储制度时，中储粮、中粮、中谷等国有粮食收储企业是粮食收购主体，很大程度上保证了农村玉米的顺利出售，而玉米下游用粮企业在高粮价的压力下入市收购的积极性较弱。临时收

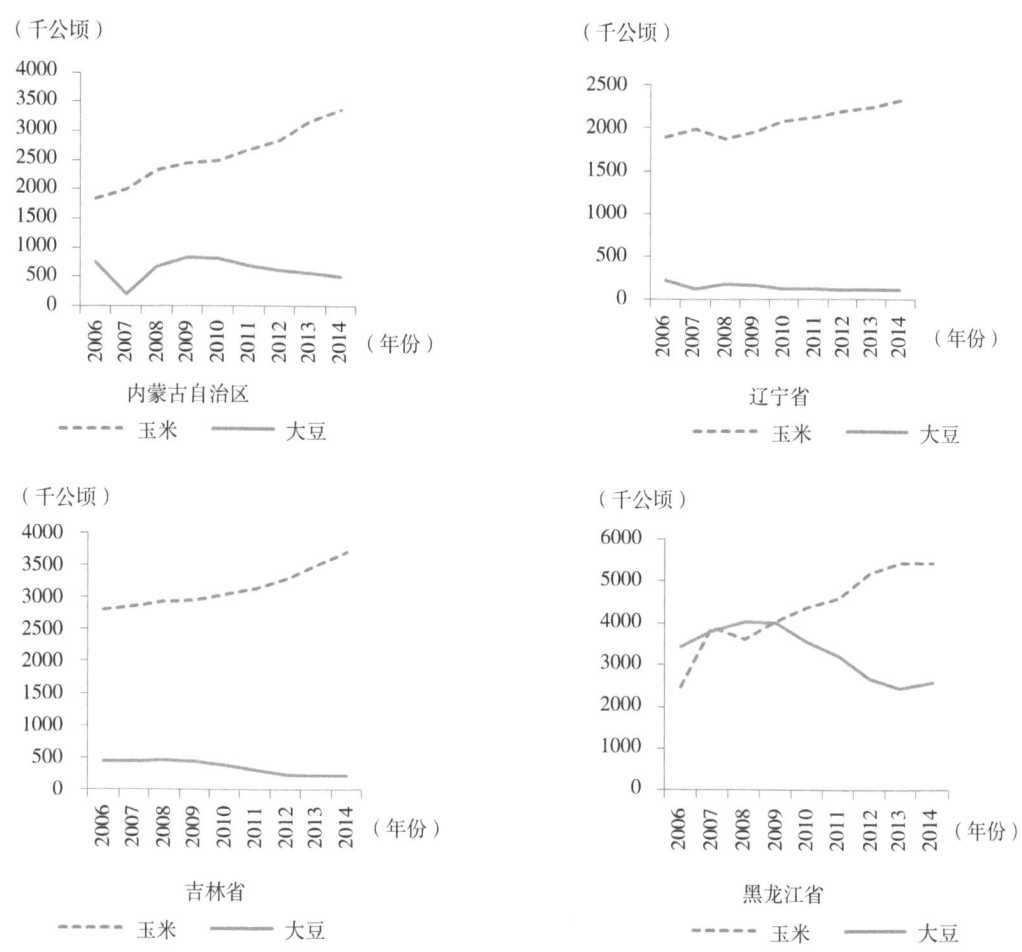

图5　2006~2014年内蒙古自治区、辽宁省、吉林省、黑龙江省玉米和大豆种植面积变化情况
资料来源：根据《中国农村统计年鉴》（2007~2015年）的数据整理得到。

储制度取消之后，生产者需要随行就市自行出售玉米，各类市场主体也需要自行入市收购，如果玉米收购不畅，很容易出现"卖粮难"的问题。在国有粮库和粮食加工企业，排长队卖粮的情况屡见不鲜，可见收储制度变化给农民卖粮带来的巨大影响。

（3）"三省一区"粮食作物种植结构发生变化。黑龙江省在临时收储制度改革后首年，全省调减玉米2963万亩，内蒙古计划调减玉米种植面积1000万亩，同时提出要适度减少籽粒玉米，推进粮改饲，增加饲料玉米生产，提高优势产区玉米产能。《农业部关于"镰刀弯"地区玉米结构调整的指导意见》中提出力争到2020年，该区域玉米种植面积要稳定在1亿亩左右，比规划初期要调减5000万亩左右（周旭旭等，2019）。国家政策已经对玉米种植面积做出了强有力的调整，可以预见的是玉米种植面积只会逐步减少，产量增幅逐步放缓，而腾出的耕地主要被用来种植大豆、小麦等作物，这也有利于缓解我国目前大豆大量进口的局面（汪紫钰等，2018）。

（4）玉米价格逐渐趋于合理，与国际市场接轨。在临时收储制度取消前，由于国内玉米价格受国家政策影响巨大，国内外玉米价格联系不紧密、价差较大，甚至出现了国内外市场玉米价格背离的情况（陈锡文等，2018）；临时收储制度取消后，如图6所示，国内市场的玉米价格大幅下降，与进口玉米的价差缩小，且国内外市场玉米价格逐渐呈同步变动趋势。国内外玉米价格间联动性增强，国际期货价格在国内外玉米价格传递上开始发挥主导作用（林光华等，2018）。

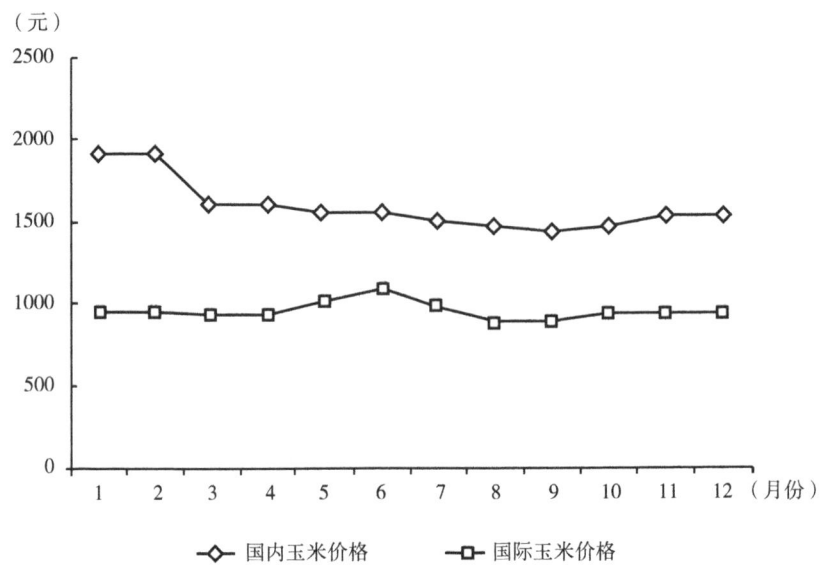

图6　2016年1~12月国内外玉米价格对比情况

资料来源：国内玉米价格由商务部数据中心整理所得；国际玉米价格指CBOT玉米月度平均价格。

（5）有利于玉米下游产业的发展。玉米市场由政策性主导收购转变为市场化收购后，以玉米为原料的深加工企业以及饲料企业收购和生产积极性不断增强，参与玉米市场化收购的企业数量不断增加，玉米收购和加工市场日趋繁荣（张军伟，2017）。吉林省是我国第二大玉米深加工省份，据相关调查，吉林省玉米深加工企业开工率2018年已达100%，而2015年这个数字仅为50%~60%（顾莉丽等，2018），国内市场玉米价格逐步趋于稳定同样有助于玉米下游产业稳定发展。

四、完善玉米收储制度改革的政策建议

当前玉米收储制度改革已经进入深水区，成效明显，但是政策实施过程中也暴露出了一些问题，如农民种植玉米收入减少、农村的"卖粮难"现象、种植结构调整还不够合理、部分农户种植玉米的积极性下降等，为此需要进一步深化玉米收储制度的改革。

（1）继续推进种植结构调整。在玉米市场价格下降以及"镰刀弯地区"玉米种植结构调整的背景下，玉米种植面积缩减已经成为必然趋势，调减非优势区的玉米种植面积，扩大大豆种植或者粮豆轮作和扩大"粮改饲"规模成为当前发展目标，但是如何引导农民积极进行"米改豆"成为新的问题。农业种植中玉米与大豆所需农业机械设备不同，同时农户常年种植玉米已经有了种植惯性，丰富的玉米种植经验使得农民难以轻易放弃玉米的种植。这需要政府出台种植大豆的利好政策，如增加大豆种植补贴，为农户提供优质大豆

种子等。同时，要对农民进行大豆种植知识培训，如聘请农业专家推广栽培技术方法、讲解新型设备的使用，同时为农民提供完善的农业社会化服务，进一步提升农民种植大豆的意愿。

（2）完善玉米市场化改革方案。玉米收储制度改革推动了玉米价格市场化的进程，同时促进了整个玉米下游产业链的发展，应该继续坚持当前"价补分离"的改革方向。但是在补贴标准方面，当前以种植面积为补贴标准的补贴方式不利于提高补贴效率，可以考虑转变为以实际玉米销售量为补贴标准的补贴方式，更有利于引导种植结构调整与优化。玉米生产者补贴制度出台后，针对农民出现的"卖粮难"问题，可以建立玉米托底收购制度，大型国有粮食企业可以结合国家储粮任务在农民出现严重"卖粮难"问题时进入市场托底收购。此外，目前玉米生产补贴的发放存在延迟现象，这削弱了补贴制度对农户的保护作用，应该提升补贴政策的程序执行力，将补贴按时发放到农户手中，充分发挥政府在收储制度改革中的宏观调控作用。

（3）大力支持粮食收购主体多元化。玉米收储制度改革后，国家不再是玉米收购的主力军，多元化市场收购将会是新的发展趋势。除中储粮等国有企业外，政府应该在各层面积极鼓励多元化市场主体入市收购，进一步活跃玉米收购市场。同时针对企业在收购过程中存在的收购资金不足的问题，银行（特别是农发行）信贷部门对于符合贷款条件的企业应给予贷款支持，满足企业的收购资金需求，逐步引导粮食加工企业、养殖企业成为市场收购主体，让市场来引导粮食流通。在互联网兴起的今天，要积极将互联网和农业进行对接。政府可以构建粮食产销合作平台，生产方面采取"订单农业"的生产方式，为农民和企业提供便利，实现共赢；销售方面，农民可以利用互联网销售农产品，实现粮食收购企业和农民的对接。

（4）为农民增收提供新思路。临时收储政策取消后国家兜底收购成为历史，失去了临储价格的保护玉米种植收益下降已经是不争的事实，为了保证玉米种植户的收入不会大幅下降，需要创新农民增收的方式。对于想要继续从事玉米种植的农民，可以推广优质玉米种子的使用，引导高产玉米的种植。此外，可以鼓励农民积极尝试新作物，在优质生产区推广大豆的种植，环境恶劣地区可以推广杂粮，引导农民优化种植结构，提升农业发展质量和效益。对于有非农就业意愿的农户来说，政府可以鼓励农地流转，积极引导农户流转土地，或者推广农业社会化服务，增加农民外出就业的机会，消除农民进城务农的"后顾之忧"，以多种手段实现农民的增收目标。

（5）加大对玉米下游产业链企业的扶持。玉米库存过剩只是暂时现象，去库存也是近期目标。据国家统计局数据显示，2018年我国玉米总产量同比2017年下降了0.67%，玉米的供给已经在小幅下降，但要想实现长期的粮食供求平衡，必须刺激市场对玉米的需求，逐步实现由市场供求来影响农民玉米的种植决策。目前国内玉米流向方面，口粮占比不足10%，工业用粮占比20%多，饲料用粮占60%以上，玉米下游产业的需求量占到总产量的九成以上，所以要想刺激玉米市场需求，加大对玉米下游产业的扶持势在必行。政府可以通过补贴方式鼓励玉米深加工的发展，延长产业链条，如鼓励淀粉、乙醚燃料加工业发展，同时利用当前玉米价格较低，企业生产成本下降的机遇大力革新技术，进行玉米加工的深度开发，推进玉米下游产业的转型升级，达到去库存和繁荣玉米市场的双重目标。

(6) 发展农地适度规模经营。从世界农业发展的实践经验来看，推进适度规模经营是农业和农村经济发展的必然趋势。农业规模经营有利于机械化的发展，对于降低玉米种植成本、提升玉米单位产量作用明显，进而可以实现农民增收的效果。在目前玉米种植面积被削减的背景下，可以通过土地流转发展适度规模经营，扩大单位农户玉米种植面积，实现玉米种植的规模效益。当前条件下，政府可以适当鼓励家庭土地承包经营权的流转，提高家庭承包地流转比例，扩大农户经营规模，实现玉米规模化种植，并鼓励高产玉米的种植，引导农业机械的运用，在玉米种植过程中实现提质增效。同时培育新型家庭农场，农业合作社、种粮大户等新型经营主体，发挥其在规模化、机械化等方面的模范作用，对小农户形成示范带动作用，推动适度规模经营的发展。

(7) 提供粮食收购资金保障。粮食收购是一项全局工作，企业收购粮食需要大量的资金，在玉米收储制度改革后鼓励多元化市场主体入市收购的同时，还要注意粮食收购资金的保障。多元化收购主体除了中储粮等大型国有粮食收购企业，还包括下游玉米加工企业和养殖企业，这些企业常常面临收购资金不足、融资难的问题，严重制约了企业正常的粮食收购计划，不利于收购市场主体多元化的实现。为了满足市场收购主体粮食收购的资金需求，应该健全粮食收购资金保障、完善银行信贷支持，尤其是与农业联系密切的农发行要积极发挥资金支持作用，做好银企对接，解决购粮企业融资难、融资贵的问题，为粮食收购企业做好保驾护航的工作。

参考文献

[1] 张天佐，郭永田，杨洁梅. 基于价格支持和补贴导向的农业支持保护制度改革回顾与展望 [J]. 农业经济问题，2018 (11)：4-10.

[2] 程国强. 我国粮价政策改革的逻辑与思路 [J]. 农业经济问题，2016 (2)：4-9.

[3] 钟钰. 国外粮食补贴政策变化对我国的启示 [J]. 粮食经济研究，2016 (2)：1-11.

[4] 李国祥. 深化我国粮食政策性收储制度改革的思考 [J]. 中州学刊，2017 (7)：31-37.

[5] 武舜臣，王金秋. 粮食收储体制改革与"去库存"影响波及 [J]. 改革，2017 (6)：86-94.

[6] 顾莉丽，郭庆海. 玉米收储政策改革及其效应分析 [J]. 农业经济问题，2017 (7)：72-79.

[7] 刘丹妮，亢霞，钟昱. 关于玉米去库存路径选择的思考——基于加工视角 [J]. 农业经济，2017 (2)：64-67.

[8] 刘慧，赵一夫，周向阳，张宁宁. 北方农牧交错区玉米结构调整进展调查与推进建议 [J]. 经济纵横，2017 (1)：83-88.

[9] 朱思睿，刘文明，李晨曦，刘帅. 玉米收储制度改革背景下吉林省农户生产经营困境及对策研究 [J]. 玉米科学，2019 (6)：181-185.

[10] 郭天宝，董毓玲，周亚成. 玉米临储制度取消带给农民的究竟是什么？——以东北玉米主产区为例 [J]. 经济研究参考，2017 (14)：18-23.

[11] 郭庆海. 玉米主产区：困境、改革与支持政策——基于吉林省的分析 [J]. 农业经济问题，2015 (4)：4-10，110.

[12] 周旭旭，武舜臣，储怡菲. 玉米收储制度改革对期货投资者理性的影响——基于投资者羊群效应阶段性差异的分析 [J]. 湖南农业大学学报（社会科学版），2019 (2)：49-55.

[13] 汪紫钰，蔡荣. 供给侧改革背景下我国玉米市场价格波动与产量预测 [J]. 粮食经济研究，2018 (1)：77-86.

[14] 陈锡文,韩俊. 农业转型发展及制度创新研究 [M]. 北京:清华大学出版社,2018:44-45.

[15] 林光华,陈佳鑫. 国内外玉米价格传导效应研究——基于玉米临储政策改革背景下的分析 [J]. 价格理论与实践, 2018 (3):111-114.

[16] 张军伟. 粮食安全政策的演变——基于市场与政府边界的视角 [J]. 粮食经济研究, 2017 (2):1-16.

[17] 顾莉丽,郭庆海,高璐. 我国玉米收储制度改革的效应及优化研究——对吉林省的个案调查 [J]. 经济纵横, 2018 (4):106-112.

Research on the Reform and Policy Optimization of China's Temporary Corn Storage System

Ma Junkai[1,2]

(1. Center for Food Security and Strategic Studies, Nanjing University of Finance and Economics, Nanjing, 210003 China; 2. Collaborative Innovation Center of Modern Grain Circulation and Safety, Nanjing University of Finance and Economics, Nanjing, 210003 China)

Abstract: Considering many problems after the implementation of the policy, China has adjusted the temporary purchasing and storage policy into new mechanism of "market-based acquisition" plus "subsidy" in the year of 2016. The reforms have achieved major breakthroughs, and it is mainly reflected in the fact that the price comparison of corn and other agricultural products tends to be reasonable, and the price difference between domestic and foreign price is gradually narrowing. From the effect of practice, there are still some problems, such as the decline of farmers' income, the difficulty of selling grain and the adjustment of planting structure. On the basis of persisting in "market-based acquisition" and "subsidy", it is necessary to guide the adjustment of planting structure, encourage the acquisition of diversified grain subjects, promote the scale management of farmland, and realize the coordinated development of corn downstream industry while constantly innovating the idea of increasing farmers' income.

Key Words: Corn Reserve Policy; Reform; Price-subsidy Separation; Market-based Acquisition

托市收购政策下粮食供应链利益协调机制研究

高 婧 李 阳

(南京财经大学,现代粮食流通与安全协同中心,南京,210003)

摘 要:本文基于供应链管理视角,分析粮食流通主体行为特征,并对托市收购政策下的粮食供应链利益协调机制进行理论分析,提出相应研究假说。在此基础上理论建模探讨粮食收储信息不对称和国际粮价冲击下供应链利益协调的可能性。最终结合我国粮食供应链实践,模拟分析不同情景下粮食供应链的利益协调情况。研究结论如下:①粮食供应链现行的利益协调方式可以看作是标准批发价契约,在托市收购政策作用下,供应链有实现协调的可能。②托市收购政策下的粮食供应链利益协调机制过于依赖政府的宏观调控,并没有促使粮农和粮食收购企业形成利益共同体。因此,随着托市价格的不断提高,供应链实现协调时的粮食产量会持续增大,进而加剧了粮食收购企业高库存问题,最终导致政府对企业的财政补贴压力日益沉重。③粮食收储信息不对称以及国际低粮价会对国内粮食批发市场需求造成挤压作用,虽然不会影响粮农的种植决策,但会进一步加剧粮食企业高库存和政府高财政支出的问题。

关键词:托市收购政策;粮食供应链;利益协调

一、引言

21世纪以来,国家为了抑制粮价波动、保护粮农生产热情,先后出台了一系列具有稳定粮食供给性质的政策,包括2004年和2006年分别在稻谷和小麦主产区实行的最低收购价政策以及2008年在玉米主产区实行的临时收储政策。粮食最低收购价政策和临时收储政策统称为托市收购政策,在托市收购政策的作用下,粮食价格被"刚性"提升,一定程度上缓解了农户"谷贱伤农"的困境(吴海霞和葛岩,2016)。农民生产积极性逐步提高,宏观政策的"托市效应"显现(张建杰,2013)。同时,粮食托市收购政策在促进粮食产量增长上也发挥了积极的作用。我国稻谷产量从2004年的17908万吨增长至2016年的20693万吨,小麦产量由2006年的10846万吨增长至2016年的12885万吨。玉米产量由2008年的16591万吨增长至2016年的21955万吨。

然而,随着托市收购政策深入执行,目前粮食行业又出现了一些新的问题:第一,粮食供求总量紧平衡与部分品种阶段性过剩并存,粮食高产量和高库存量并存。特别是玉米连续增产和消费需求持续下降同步出现,产需走势逆向而行,饲料加工企业频频使用进口

---

① 收稿日期:2019-09-24

大麦、高粱、酒糟等替代品，玉米阶段性过剩特征十分明显（刘丹妮等，2017）。稻米市场也呈现供大于求，销售不畅态势。第二，粮食是诸多工业的初级原材料，是诸多产业的源头，粮食托市收购价格看涨使得与农业相关的加工企业生产成本居高不下，同时粮食销售不畅也带来了企业高库存的问题（牛松，2013）。第三，随着粮食托市政策的推行，粮食收购价格日益攀升，国家财政也由此背上沉重的包袱，并难以长期维持下去（王镇江，2014）。因此，以粮农、粮食收购企业为基础的粮食供应链和利益相关者政府为研究对象，分析在托市收购政策下它们的决策行为，从根本上找出现存问题的形成原因，将会对改革粮食收储制度，完善粮食托市收购政策具有现实的指导意义。

二、文献综述

粮食供应链是指生产及流通过程中涉及将粮食及其制品提供给最终消费者所形成的网链结构（李凤廷，2014）。粮食供应链协调，就是使粮食供应链上的相关利益参与者加强合作和沟通，最终达成预期的目标，从而保障国家粮食安全（冷志杰，2017）。由于粮食供应链中的生产者、加工者和消费者等主体在决策上都为了实现自我最大收益而相互独立，因此通常情况下粮食供应链难以实现自我协调，必须通过供应链参与方之间的契约机制来激励各种资源的共享，甚至需要进行主体间的利益补偿机制（高艳，2015）。国内外关于粮食供应链协调问题的研究较多，如 Buzacott（2011）采用均值—方差分析方法研究了农产品供应链中期权合同协调问题。Woonghee（2010）研究了随机供应下农产品供应链的利益协调问题。李凯等（2012）研究了惩罚和奖励相结合的契约模型并构建渠道协调机制。杨彩虹（2013）从供应链的纵向运转角度研究得出利益共享的粮食供应链可以有效实现粮食流通网络的协调。另外，赵霞等（2014）研究了供应商和生产商产出均为随机且生产商面对随机需求的二级供应链协调问题，在收益共享的基础上提出能够协调供应链的风险共享合同。王道平等（2012）研究了产出不确定背景下，农产品供应链协调问题。研究表明，通过建立风险分担契约可以协调农产品供应链。由此可知，虽然不同类别的供应链所涉及的产品性质有所不同、所面临的交易环境有所差异，但是只要设计一种有效的补偿激励机制，就可以使这些独立的决策者采取自利行动的结果导致全局最优（陈长彬和杨忠，2009）。

托市收购政策是新时期国家为了保障粮食供应链协调所采取的一种激励补偿措施。关于政策对粮食供应链协调的作用效果，学者们从宏观和微观两个层面展开研究。宏观层面上，曾福生（2011）认为，粮食托市收购政策对粮食增产和农民增收效益明显。王士海（2012）指出，粮食托市收购价政策产量效应显著，有利于提高农民种粮积极性。微观层面上，张改清（2014）对不同经营规模农户进行考察。认为最低收购价政策的增收效应随农户经营粮食规模的扩大而依次增大。韩红梅（2013）以河南省小麦种植农户为调查样本，分析托市收购政策的实施对农户的影响。认为托市收购政策属于卡尔多改进，虽然存在部分群体利益受损的情况，但改善了农户的状况、确保了国家粮食安全。由此可知，托市收购政策实施初期确实在一定程度上促进了粮食供应链的协调。然而，随着政策的深入执行，当前粮食行业又出现了一系列新的问题。一是粮食供求总量紧平衡与部分品种阶段性过剩并存。虽然目前稻谷、小麦产需基本平衡，但保持平衡的压力加大，品种优质率也有待提高，而玉米增长较快，玉米供需关系日益趋紧，缺口逐步扩大（程国强和朱满德，2013）。二是收储企业仓容压力大。在粮食需求阶段性过剩和仓储设施布局不合理双重因素的影响下，粮食仓容不足问题已迫在眉睫（亢霞等，2015）。三是财政包袱日益沉重。粮食收购价格连年攀升，中央财政除承担收购费用、保管费用、利息补贴外，还需要承担出库价差亏损（李建宇和郭小军，2016）。这些问题严重制约了粮食供应链的协调，因此国内很多学者尝试着研究这些问题产生的原因，并提出相应的解决方法。贺伟（2010）认为，托市收购政策扭曲了粮食市场价格，影响了市场机制作用的充分发挥，从而造成了部分粮食品种阶段性过剩。王双进（2015）研究了收储企业仓容不堪重负的原因，认为政府通过托市保价机制掌握市场上的大部分粮源，利用干预性收储将市场粮食流通量减少，使得大量粮源"滞留"粮库，从而导致我国粮食严重超储。王丹等（2015）基于供给需求理论和福利经济学理论对托市收购政策效果进行研究，发现托市收购政策会造成市场价格扭曲，给中央财政带来很大压力。如何解决目前粮食行业出现的诸多问题，保障粮食供应链协调是当前国家保障粮食安全的重要工作。这不仅需要分析托市收购政策对粮食供应链的作用机制，还需要系统分析并理顺粮食收购市场中各利益主体之间的关系，把粮食产业的所有环节作为一个整体来研究和改造（杜文龙，2006），而不能仅仅从粮农、粮食收购企业抑或是政府等单方面的角度进行研究（王薇薇等，2009）。

本文运用供应链管理方法解构托市收购政策对粮食供应链的微观影响，系统分析托市收购政策下粮农、粮食收购企业及政府的利益关系，以期能够找到粮食行业当前问题产生的根本原因，为我国粮食流通体制改革提供微观基础。

三、决策基础模型的构建

（一）基本描述与假设

本文所考虑的粮食供应链是由 1 个供应商和 1 个生产商组成的两级供应链。供应商对应的是粮农，生产商对应的是国有粮食收购企业。粮农会根据政府预先公布的粮食托市收购价格来决定指导粮食生产。当粮食收获季节到来时，若粮食市场价格高于托市价格，则粮食收购企业按照市场价格收购粮食；若粮食市场价格低于托市价格，则粮食收购企业按照托市价格从粮农手里收购粮食，此时政府给予粮食收购企业残值补贴。基于此，有如下几点假设：

q ——粮食供应量；

$Cs(q)$ ——粮农边际生产成本，是关于 q 的增函数；

w ——粮食市场收购价格，为定义在区间 $[A, B]$ 上的随机变量；

$G(\varepsilon)$ —— w 的累计概率分布函数；

$g(\varepsilon)$ —— w 的概率密度函数，$g(\varepsilon) > 0$；

p ——收购企业粮食出售价格，外生变量；

D ——粮食批发市场需求；

$F(x)$ —— D 的累计概率分布函数，其中，$F(A) = 0$；

$f(x)$ —— D 的概率密度函数；

u ——随机需求 D 的均值;

C_r ——粮食收购企业边际运作成本;

v ——粮食收购企业单位残值收益;

g ——粮食收购企业单位缺货成本;

b ——政府给予企业单位残值补贴。

本文在构建粮食供应链利益协调模型的过程中引入以下假设:

Ⅰ. 只考虑单个供应商和单个生产商在单个销售期的利益协调情况;

Ⅱ. 该系统中,粮食生产商与供应商信息对称;

Ⅲ. 粮食供应链各成员是理性的和风险中性的;

Ⅳ. 整个供应链中出售单一的粮食产品。

于是有:

粮食收购企业的期望销售量 $S(q) = E \cdot min(q, D) = q - \int_0^q F(x) \mathrm{d}x$

粮食收购企业的期望销售剩余 $I(q) = E \cdot [(q - D)^+] = q - S(q)$

粮食收购企业的期望缺货量 $L(q) = E \cdot [(D - q)^+] = u - S(q)$

粮食收购企业的期望收购价 $R(w_0) = E \cdot max(w_0, w) = B - \int_{w_0}^B G(\varepsilon) \mathrm{d}\varepsilon$

期望单位补贴 $b(w_0) = b \times F(w_0)$

(二) 基础模型构建

集中决策下,粮农和粮食收购企业组成的二级供应链整体的期望收益为:

$$\pi_c = pS(q) + [v + b(w_0)] I(q) - g L(q) - qC_r - \int_0^q Cs(x) \mathrm{d}x \quad (1)$$

式 (1) 中,右边第一项为粮食收购企业在批发市场上期望售粮利润,第二项为企业库存粮食的残值收益以及政府对库存粮的期望补贴,第三项为粮食收购企业的缺货损失,第四项为企业粮食运作成本,第五项为农户的生产投入成本。

分散决策下粮食收购企业的期望利润可以表示为:

$$\pi_b = pS(q) + [v + b(w_0)] I(q) - g L(q) - qC_r - R(w_0) q \quad (2)$$

式 (2) 中,右边第一项为粮食收购企业在批发市场上期望售粮利润,第二项为企业库存粮食的残值收益以及政府对库存粮的期望补贴,第三项为粮食收购企业的缺货损失,第四项为企业粮食运作成本,第五项为企业粮食收购成本。

由 $\dfrac{\partial \pi_c}{\partial q} = 0$,可得集中决策下粮食最优产量满足:

$$S'(q^c) = \dfrac{C_r + Cs(q^c) - v - b(w_0)}{p + g - v - b(w_0)} \quad (3)$$

由 $\dfrac{\partial \pi_b}{\partial q} = 0$,可得分散决策下企业最优粮食订购量满足:

$$S'(q^b) = \dfrac{C_r + R(w_0) - v - b(w_0)}{p + g - v - b(w_0)} \quad (4)$$

供应链协调的条件,即存在最优产量 q^*,使得 $q^* = q^c = q^b$。即:

$$\frac{C_r + C_s(q^*) - v - b(w_0)}{p + g - v - b(w_0)} = \frac{C_r + R(w_0) - v - b(w_0)}{p + g - v - b(w_0)}$$

即：$C_s(q^*) = R(w_0)$ (5)

根据方程（4）和方程（5）可知：

$$b = \frac{p + g - v - \frac{p + g - R(w_0) - C_r}{F\{C_s^{-1}[R(w_0)]\}}}{F(w_0)} \quad (6)$$

所以，政府启用托市政策委托粮食收购企业收购粮食且当年托市价格为 w_0 时，若收购企业未来在批发市场上进行粮食售卖后仍有剩余，政府对剩余粮食的库存保管给予单位补贴 b，供应链可以实现协调。

推论1：随着托市价格的不断提高，粮食产量也会不断增加。国家稳定粮食供给、保障粮食安全的宏观调控目的得以实现。

证明：由式（5）可知，$q^* = C_s^{-1}[R(w_0)]$。随着 w_0 增大，$R(w_0)$ 也会增大。而 $R(w_0)$ 和 q^* 呈正相关关系，所以 w_0 增大会导致 q^* 增大。

推论2：随着托市价格的不断提高，粮食产量持续增大，粮食收购企业高库存的现象越来越凸显。

证明：因为 $I(q) = q - S(q)$，

所以，$\frac{\partial I(q)}{\partial q} = 1 - s'(q) = F(q) \geq 0$，

因此，$I(q)$ 与 q 为单调递增的关系；

因为，w_0 增大会导致 q^* 增大

所以，w_0 增大会导致 $I(q^*)$ 增大。

推论3：随着托市价格的不断提高，粮食收购企业的库存与日俱增，政府对企业的财政补贴压力越来越大。

证明：$B(w_0) = I(q) \times b(w_0)$

因为，$b(w_0) = b \times F(w_0) = p + g - v - \frac{p + g - R(w_0) - C_r}{F\{C_s^{-1}[R(w_0)]\}}$ 且 $R(w_0)$ 随着 w_0 单调递增，

所以，$b(w_0)$ 随着 w_0 单调递增，

又因为，$I(q^*)$ 随着 w_0 单调递增，

所以，$B(w_0)$ 随着 w_0 单调递增。

（三）考虑粮食收储信息不对称的影响

国有粮食购销企业作为执行托市收购政策的主体，不仅有协助政府以最小的成本保障粮食安全的责任，而且具备实现自身利益最大化的经营需求。其经营的粮食包括"政策粮"和"市场粮"两种："政策粮"剩余部分会享受政府财政补贴，"市场粮"剩余部分则不会。值得注意的是，无论"政策粮"还是"市场粮"均处于同一批发市场，且国有粮食购销企业面临的粮食批发市场类似于完全竞争市场，故模型中假设 p 为常数。同时假定粮食收购市场和批发市场不存在价格倒挂的现象。因此，当市场对粮食的需求较高

$(D > q + q^0)$ 时，企业不存在逆向选择动机。而当市场对粮食的需求较低（$D < q + q^0$）时，企业会优先出售"市场粮"，这是因为"市场粮"存放在手中仅有残值收益却无补贴。然而处理完"市场粮"后才会出售"政策粮"，多余的"政策粮"既有残值收益，又能获得政府补贴。

此时：

粮食收购企业的期望销售量 $S(q) = E \cdot \min(q, D - q^0) = q - \int_0^{q+q^0} F(x) \, dx$

粮食收购企业的期望销售剩余 $I(q) = E \cdot [(q + q^0 - D)^+] = q - S(q)$

粮食收购企业的期望缺货量 $L(q) = E \cdot [(D - q - q^0)^+] = u - S(q) - q^0$

粮食收购企业的期望收购价 $R(w_0) = E \cdot \max(w_0, w) = B - \int_{w_0}^{B} G(\varepsilon) \, d\varepsilon$

同样，在集中决策下，粮农和粮食收购企业组成的二级供应链整体的期望收益和方程（3.1）相同，分散决策下粮食收购企业的期望利润与方程（2）相同。

由 $\dfrac{\partial \pi_c}{\partial q} = 0$，可得集中决策下粮食最优产量满足方程（3）。由 $\dfrac{\partial \pi_b}{\partial q} = 0$ 可得分散决策下企业最优粮食订购量满足方程（4）。粮食供应链实现协调的条件，即存在最优产量 q^*，使得 $q^* = q^c = q^b$。即：$Cs(q^*) = R(w_0)$。此时：

$$b = \dfrac{p + g - v - \dfrac{p + g - R(w_0) - C_r}{F\{q^0 + Cs^{-1}[R(w_0)]\}}}{F(w_0)} \quad (7)$$

所以，政府启用托市政策委托国有粮食收购企业收购粮食。如果当年托市价格为 w_0，而粮食收购企业未来在批发市场上进行粮食售卖后仍有剩余且企业又存在逆向选择行为，此时政府对剩余粮食的库存保管给予单位补贴 b，粮食供应链可以实现协调。

推论 4：粮食收储信息不对称对粮食产量并没有影响。

证明：不管粮食收储信息是否对称，粮食供应链实现协调的粮食最优产量为 q^*，满足 $q^* = Cs^{-1}[R(w_0)]$ 不变。因此，粮食收储存在信息不对称情形时，并不会影响粮食产量。

推论 5：粮食收储信息不对称会进一步加剧粮食企业高库存的恶劣现象。

证明：当粮食收储不存在信息不对称时，使得供应链实现协调时的期望库存为 $I(q^*) = \int_0^{q^*} F(x) \, dx$；而当粮食收储存在信息不对称时，使得供应链实现协调时的期望库存为 $I(q^*) = \int_0^{q^* + q^0} F(x) \, dx$。因为 $F(x) > 0$，所以 $\int_0^{q^* + q^0} F(x) \, dx > \int_0^{q^*} F(x) \, dx$。

推论 6：粮食收储信息不对称会进一步加剧政府对企业的财政补贴压力。

证明：$B(w_0) = I(q) \times b(w_0)$

由推论 5 可知，当托市价格 w_0 不变而粮食收储存在信息不对称情况时，满足粮食供应链实现协调的企业期望库存会增加，即 $I(q^*)$ 会偏大。又因为 w_0 不变，所以 $b(w_0)$ 不变。因此，当存在信息不对称时，政府对企业的财政总支出 $B(w_0)$ 会偏大。

（四）考虑国际市场粮价的影响

自国家实施粮食托市收购政策以来，粮食收购市场价格被刚性提高，粮食收储企业在粮食批发市场上顺价销售粮食，导致国内粮食市场批发价格不断提高，从而引起国内外粮价倒挂，刺激了粮食的进口。粮食进口量的增加使得粮食收购企业面临的国内粮食批发市场需求降低。在模型中具体表现为：当国际市场粮价小于国内市场粮食价格时（$p_a < p$），国内市场粮食需求的一部分会由走私进口满足。假设进口部分占比为δ，则国内有效需求变为δD。其中，$0 < \delta < 1$，且δ与p_a成反比。

此时：

粮食收购企业的期望销售量 $S(q) = E \cdot \min(q, \delta D) = q - \delta \int_0^{q/\delta} F(x) \mathrm{d}x$

粮食收购企业的期望销售剩余 $I(q) = E \cdot [(q - \delta D)^+] = q - S(q)$

粮食收购企业的期望缺货量 $L(q) = E \cdot [(\delta D - q)^+] = \delta u - S(q)$

粮食收购企业的期望收购价 $R(w_0) = E \cdot \max(w_0, w) = B - \int_{w_0}^B G(\varepsilon) \mathrm{d}\varepsilon$

同样，在集中决策下，粮农和粮食收购企业组成的二级供应链整体的期望收益和方程（1）相同，分散决策下粮食收购企业的期望利润与方程（2）相同。由$\frac{\partial \pi_c}{\partial q} = 0$，可得集中决策下粮食最优产量满足方程（3）。由$\frac{\partial \pi_b}{\partial q} = 0$可得分散决策下企业最优粮食订购量满足方程（4）。供应链协调的条件，即存在最优产量q^*，使得$q^* = q^c = q^b$。即：$Cs(q^*) = R(w_0)$。此时：

$$b(w_0) = p + g - v - \frac{p + g - R(w_0) - C_r}{F\left\{\dfrac{Cs^{-1}[R(w_0)]}{\delta}\right\}} \tag{8}$$

在国内粮食批发价格高于国外粮食价格而引起粮食进口量增加的背景下，政府启动粮食托市政策，委托国有粮食收购企业收购粮食。假设当年的粮食托市价格为w_0，若粮食收购企业未来在粮食批发市场上进行粮食售卖后仍有剩余，则政府对剩余粮食的库存保管给予单位补贴b，供应链可以实现协调。

推论7：尽管国内粮食批发价日益上涨而引起的国内外粮食价格倒挂，对国内粮食批发市场的需求代替日益明显，但却对粮食产量并没有影响。

证明：不管国际低粮价对国内粮食批发市场的影响存在与否，使得供应链协调的粮食最优产量q^*都满足$q^* = Cs^{-1}[R(w_0)]$。因此，国际低粮价不影响国内粮食生产数量。

推论8：当国际低粮价对国内粮食批发市场需求带来冲击时，粮食收储企业粮食库存积压现象越来越凸显。

证明：当不考虑国际低粮价对国内粮食批发市场需求带来冲击时，使得粮食供应链实现协调时的期望库存为$I(q^*) = \int_0^{q^*} F(x) \mathrm{d}x$；而考虑国际低粮价对国内粮食批发市场需求带来冲击时，使得粮食供应链实现协调时的期望库存为：

$$I(q^*) = q^* - S(q^*) = \Phi \int_0^{\frac{q^*}{\Phi}} F(x) \, dx = \int_0^{q^*} F\left(\frac{x}{\Phi}\right) dx \, 。$$

因为，$0 < \Phi < 1$，所以 $\frac{x}{\Phi} > x$，

又因为，$F(x)$ 随着 x 单调递增，

所以，$\int_0^{q^*} F\left(\frac{x}{\Phi}\right) dx > \int_0^{q^*} F(x) \, dx \, 。$

因此，当国际低粮价对国内粮食批发市场需求带来冲击时，粮食收储企业粮食库存会进一步增多。

推论9： 国际低粮价对国内粮食批发市场需求带来的冲击会进一步加剧政府对企业的财政补贴压力。

证明：$B(w_0) = I(q) \times b(w_0)$

由推论8可知，当托市价格 w_0 不变而国际低粮价对国内粮食批发市场需求带来冲击时，满足供应链实现协调的企业期望库存会增加，即 $I(q^*)$ 会偏大。又因为 w_0 不变，所以 $b(w_0)$ 不变。因此，当国际低粮价对国内粮食批发市场需求带来冲击时，政府对企业的财政总支出 $B(w_0)$ 会偏大。

四、数值分析

模拟现实情况，对变量进行设置。w 是粮食市场收购价格，根据历年实际情况设定为均匀分布在 $[1.4, 3]$ 的随机变量；$p > w + C_r$，其中，p 为粮食收购企业的售粮价格，w 是粮食市场收购价格，C_r 是粮食收购企业边际运作成本。不等式表明，粮食收购企业的售粮价格大于粮食收购成本和企业运作成本之和，从而实现获利；$R(w_0) > Cs$，其中，w 是粮食期望收购价格，Cs 是粮农边际生产成本。不等式表明，粮食期望收购价格要大于粮农边际生产成本，确保粮农可以获利；其他成本系数和价格参数的选择需要确保利润函数非负以及各个累计概率分布函数在 $(0, 1)$ 之间。基于此，设定粮食市场需求量 D 为均匀分布在 $[20, 170]$ 的随机变量；参数 $p = 7$，$Cs = 0.018$，$C_r = 1.5$，$v = 1$，$g = 2.4$，可满足上述条件。在此基础上采用 Matlab 对三种情形下的粮食供应链利益协调模型进行数值分析。

（一）考虑基市情形的数值分析

首先构造基本情形数值分析。当托市价格 $w_0 = 2$ 时，托市收购政策激励下的有关主体决策变量和利润的取值见表1。可以验证粮食托市价格 $w_0 = 2$ 时，政府给予粮食收购企业单位补贴 $b = 0.67$ 就可使 $q^c = q^b = q^s = 128.47$。可见托市收购政策作用下，粮食供应链可以实现协调。图1给出了 $w_0 = 2$ 时，粮农的期望利润 $E(\pi_s)$、粮食收购企业的期望利润 $E(\pi_b)$ 以及整个粮食供应链的期望利润 $E(\pi_c)$ 随粮食交易数量 q 的变化曲线。由图1可知，粮食托市价格 $w_0 = 2$ 时，政府给予粮食收购企业单位补贴 $b = 0.67$，粮农、粮食收购企业以及整个粮食供应链在决策数量 $q = 128.47$ 处同时取得最大利润，结果与假说1一致。

表1 基本情形数值分析计算结果

$E(\pi_c)$	q^c	$E(\pi_b)$	q^b	$E(\pi_s)$	q^s	$b(w_0=2)$
35.34	128.47	186.79	128.47	148.55	128.47	0.67

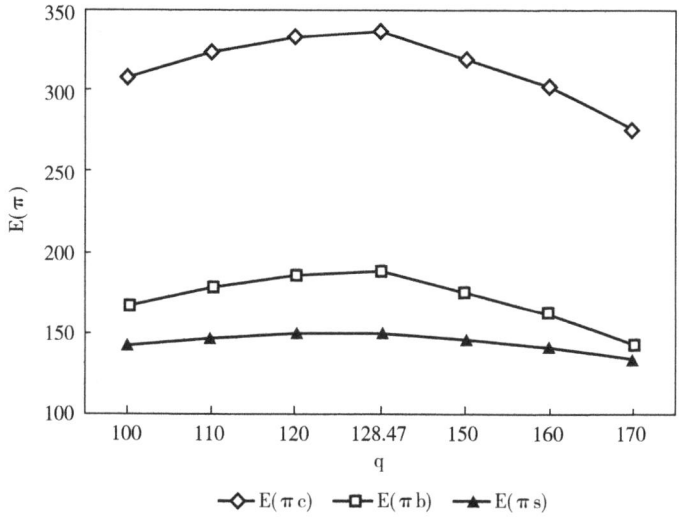

图1 期望利润随q的变化曲线

接着,将2004~2017年的实际粮食托市收购价格代入模型中,计算出不同托市价格下供应链实现协调时的粮食生产数量、企业粮食库存数量以及政府财政补贴情况(见表2),用图2表示计算结果。

表2 不同托市价格下粮食生产、企业库存及财政支出情况

w_0	q^*	$I(q^*)$	$B(w_0)$
1.4	122.2	34.8	1.2
1.6	122.9	35.3	3.9
1.8	125	36.8	12.1
2	128.5	39.2	26.4
2.4	139.6	47.7	78.3
2.6	147.2	54	119.2
2.8	156.2	61.9	173.2
3	166.7	71.7	243

如图2所示,q^*是关于w_0的单调递增函数,验证了推论1,即随着托市价格的不断提高,供应链实现协调时所对应的粮食产量也会不断增加。$I(q^*)$是关于w_0的单调递增函数,验证了推论2,即随着托市价格的不断提高,供应链实现协调时粮食收购企业库存数量会越来越大。$B(w_0)$是关于w_0的单调递增函数,验证了推论3,即随着托市价格的不断提高,供应链实现协调时政府的财政补贴不断增加。由此可知,粮食托市收购政策实施初

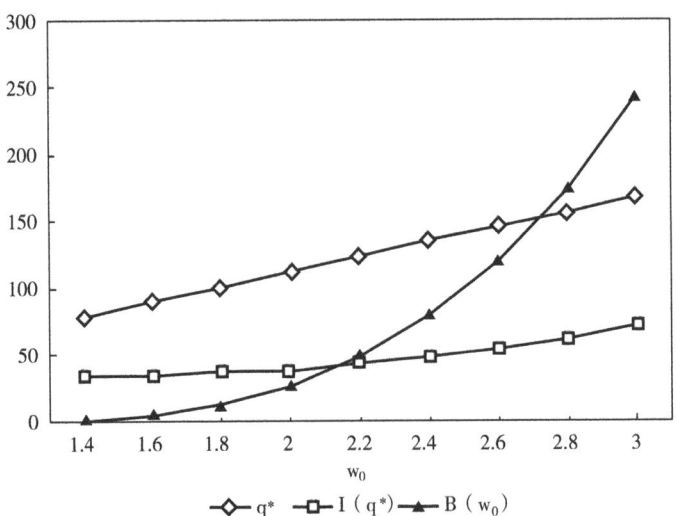

图2 粮食产量、企业库存和财政支出随 w_0 的变化曲线

期确实取得了国家稳定粮食供给、保障粮食安全的成效。但是，这种协调机制过于依赖政府的宏观调控，并没有在粮农和粮食收购企业之间形成内在利益共同体。因此，随着托市价格的不断提高，供应链实现协调时粮食的产量会持续增大，进而加剧了粮食收购企业的库存压力，最终导致政府对企业的财政补贴压力越来越大，验证了假说2。

（二）考虑粮食收储信息不对称情况下的数值分析

构造粮食收储信息不对称情况下的数值分析。q^0 是粮食收购企业经营的"市场粮"的数量。除了 q^0，其他关于粮农和粮食收购企业以及成本价格的参数设置与基本情形数值分析一致。当市场对粮食的需求较低时，国有粮食收购企业会有粮食剩余。因"市场粮"存放在手中仅有残值收益却无补贴，而多余的"政策粮"既有残值收益，又能获得政府补贴，所以企业会优先出售"市场粮"，处理完"市场粮"后才会出售"政策粮"。这种情况下，粮食市场需求的一部分会由 q^0 替代。此时粮食市场的有效需求变为 $D - q^0$，粮食收购企业的期望销售量变为 $S(q) = E \cdot \min(q, D - q^0) = q - \int_0^{q+q^0} F(x) \mathrm{d}x$，式中，$q + q^0 \leq B$，即 $q^0 \leq B - q^0$。由基本情形数值分析可知，当托市价格 $w_0 = 2$，供应链实现协调时收购企业收购粮食数量为128.47。q^0 必须小于41.53，才能确保利润函数非负以及各个累计概率分布函数在 (0, 1) 之间。因此，将 q^0 的取值设定在 [0, 40] 之间，并分别计算 q^0 取不同数值时，供应链实现协调时的粮食数量、企业粮食库存数量以及政府财政补贴的变化情况（见表3）。

表3 q^0 取不同值时粮食生产、企业库存及财政支出情况

w_0	q^0	q^*	$I(q^*)$	$B(w_0)$
2	0	128.47	39.22	26.41
2	5	128.47	42.92	43.51

续表

w_0	q^0	q^*	$I(q^*)$	$B(w_0)$
2	10	128.47	46.78	62.02
2	15	128.47	50.82	81.92
2	20	128.47	55.02	103.22
2	25	128.47	59.38	125.93
2	30	128.47	63.92	150.03
2	35	128.47	68.61	175.53
2	40	128.47	73.48	202.44

图 3 表示计算结果：q^* 随着 q^0 的增大而保持不变，验证了推论 4，即粮食收储信息不对称对供应链实现协调时的粮食产量并没有影响。$I(q^*)$ 是关于 q^0 的单调递增函数，验证了推论 5，即粮食收储存在信息不对称会进一步增加供应链实现协调时的企业粮食库存数量。$B(w_0)$ 是关于 q^0 的单调递增函数，验证了推论 6，即粮食收储信息不对称使供应链实现协调时政府的财政压力加剧。综上所述，当粮食收储存在信息不对称时，并不会影响粮食的产量，这是因为虽然粮食市场的有效需求会因为收储信息不对称而降低，但是在托市收购政策下政府都会委托国有粮食收购企业敞开收购粮农手中的粮食，粮农不必担心生产的粮食卖不出去，只需结合当年的托市收购价格以及种植成本来指导生产决策。而粮食收储信息不对称间接减少了粮食市场需求，从而进一步加剧粮食企业高库存的问题。为了协调粮食供应链，解决粮食企业高库存的问题，政府又不得不加大对企业的财政补贴力度，财政压力与日俱增。由此，验证了假说 3。

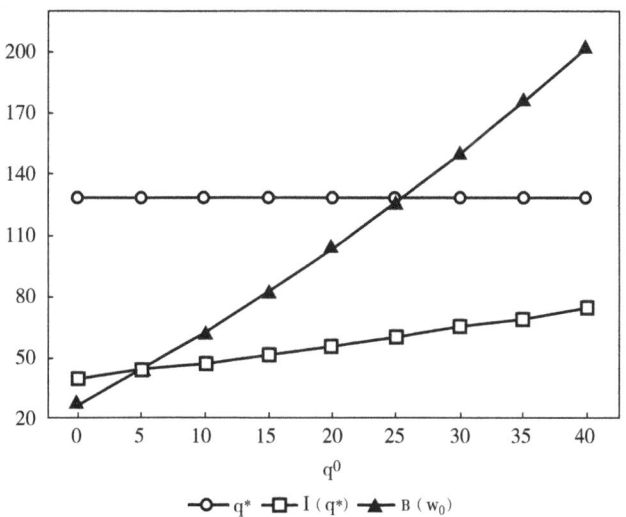

图 3 粮食产量、企业库存和财政支出随 q^0 的变化曲线

(三) 考虑国际低粮价冲击情况下的数值分析

构造国际低粮价冲击情况下的数值分析。δ 是走私进口粮食数量所占国内市场粮食需求的比例。除了 δ,其他关于粮农和粮食收购企业以及成本价格的参数设置跟基本情形数值分析一致。当国际市场粮价低于国内市场粮价时,国内粮食批发市场会存在粮食走私现象,从而降低了粮食市场有效需求。此时国内市场粮食的有效需求变为 δD,粮食收购企业的期望销售量变为 $S(q) = E \cdot min(q, \delta D) = q - \delta \int_0^{q/\delta} F(x) dx$,式中 $q/\delta \leq B$,即 $\delta \geq q/B$。由基础情形数值分析可知,当托市价格 $w_0 = 2$,供应链实现协调时收购企业收购粮食数量为 128.47。δ 必须不小于 0.76 且不大于 1,才能确保利润函数非负以及各个累积概率分布函数在 (0,1) 之间。因此,将 δ 的取值设定在 [0.8, 0.99] 之间,可以满足条件。分别计算 δ 取不同数值时,供应链实现协调时的粮食数量、企业粮食库存数量以及政府财政补贴的变化情况(见表4)。

表4 q^0 取不同值时粮食生产、企业库存及财政支出情况

w_0	δ	q^*	$I(q^*)$	$B(w_0)$
2	0.8	128.47	52.71	128.53
2	0.85	128.47	48.73	97.90
2	0.9	128.47	45.20	71.05
2	0.95	128.47	42.05	47.38
2	1	128.47	39.22	26.41

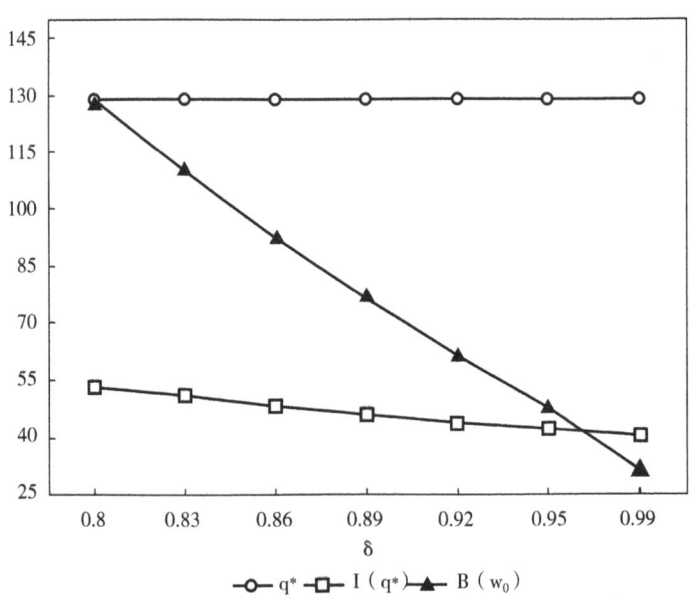

图4 粮食产量、企业库存和财政支出随 δ 的变化曲线

图4表示计算结果:q^* 随着 δ 的增大而保持不变,验证了推论7,即国际低粮价(p_a)

对供应链实现协调时的粮食产量并没有影响。$I(q^*)$是关于δ的单调递减函数，而δ是关于p_a的单调递增函数，所以$I(q^*)$是关于p_a的单调递减函数，验证了推论8，即国际低粮价会进一步增加供应链实现协调时的企业粮食库存数量。$B(w_0)$是关于δ的单调递减函数，而δ是关于p_a的单调递增函数，所以$B(w_0)$是关于p_a的单调递减函数，验证了推论8，即国际低粮价会使供应链实现协调时政府的财政压力加剧。综上所述，当国际粮价偏低甚至引起国内外价格倒挂时，并不会影响国内粮食的产量，这是因为不管国内粮食市场有效需求如何变化，在托市收购政策下政府都会委托国有粮食收购企业敞开收购粮农手中的粮食，粮农不必担心生产的粮食卖不出去，只需结合当年的托市收购价格以及种植成本来指导生产决策。而国际粮价偏低引起的粮食走私现象会对国内粮食市场需求造成挤压作用，国内粮食市场的有效需求减少了，必然会导致粮食高库存问题的进一步恶化。为了协调粮食供应链，解决粮食企业高库存的问题，政府又不得不加大对企业的财政补贴力度，财政压力与日俱增。由此，验证了假说3。

五、结论

本文首先研究了我国粮食托市收购政策对粮食供应链的作用机制，在此基础上构建了托市收购政策下粮食供应链利益协调模型。同时考虑粮食收储信息不对称和国外进口低粮价对国内市场产生冲击这两种因素，进一步优化模型。接着，通过构建基本情形数值分析对托市收购政策下粮食供应链的利益协调情况进行验证，得出本文主要的研究结论：第一，粮食供应链现行的利益协调方式可以看作是标准批发价契约，在托市收购政策作用下，供应链有实现协调的可能。第二，托市收购政策下的粮食供应链利益协调机制过于依赖政府的宏观调控，并没有促使粮农和粮食收购企业形成利益共同体。因此随着托市价格的不断提高，供应链实现协调时的粮食产量会持续增大，进而加剧了粮食收购企业高库存问题，最终导致政府对企业的财政补贴压力日益沉重。第三，粮食收储信息不对称以及国际低粮价会对国内粮食批发市场需求造成挤压作用，虽不会影响粮农的种植决策，但会进一步加剧粮食企业高库存和政府高财政支出的问题。

参考文献

[1] 吴海霞，葛岩. 粮食托市收购政策效应评估——以玉米临储政策为例 [J]. 华中农业大学学报（社会科学版），2016（6）：56-63，144.

[2] 张建杰. 对粮食最低收购价政策效果的评价 [J]. 经济纬，2013（5）：19-24.

[3] 刘丹妮，亢霞，钟昱. 关于玉米去库存路径选择的思考——基于加工视角 [J]. 农业经济，2017（2）：64-67.

[4] 牛松. 完善粮食托市收购政策 [J]. 宏观经济管理，2013（11）：46-47.

[5] 王镇江. 当前农发行支持托市收购中面临的问题及建议 [J]. 农业经济问题，2014（3）：32-36.

[6] 李凤廷，侯云先. 粮食供应链整合研究——基于链内、链间交互整合的概念框架 [J]. 商业经济与管理，2014（1）：5-12.

[7] 冷志杰，蒋天宇，谢如鹤. 大宗粮食供应链利益补偿协调机制的长期实施条件 [J]. 江苏农业科学，2017，45（5）：308-311.

[8] 高艳,刘永悦,冷志杰.政策激励大宗商品粮三级供应链成员协调研究[J].黑龙江八一农垦大学学报,2015,27(3):110-114,128.

[9] Buzacott J, Yan H M, Zhang H Q. Risk Analysis of Commitment-Option Contracts with Forecast Updates [J]. IIE Transactions, 2011, 43 (6): 415-431.

[10] Woonghee T H, Mahesh N. Linear Inflation Rules for The Random Yield Problem: Analysis and Computations [J]. Operations Research, 2010, 58 (1): 244-251.

[11] 李凯,张迎冬,严建援.需求均匀分布条件下的供应链渠道协调——基于奖励与惩罚的双重契约[J].中国管理科学,2012,20(3):131-137.

[12] 杨彩虹.基于粮食安全视角的粮食供应链优化与管理研究[J].改革与战略,2013,29(12):47-51.

[13] 赵霞,吴方卫,蔡荣.随机产出与需求下二级供应链协调合同研究[J].管理科学学报,2014,17(8):34-47.

[14] 王道平,程蕾,李锋.产出不确定的农产品供应链协调问题研究[J].控制与决策,2012(6):881-885.

[15] 陈长彬,杨忠.供应链协调机制理论综述[J].生产力研究,2009(4):173-176.

[16] 曾福生,戴鹏.粮食价格保护政策增收增产效应分析[J].农业经济与管理,2011(3):11-16.

[17] 王士海,李先德.粮食最低收购价政策托市效应研究[J].农业技术经济,2012(4):105-111.

[18] 张改清.粮食最低收购价政策下农户储售粮行为响应及其收入效应[J].农业经济问题(月刊),2014(7):86-93.

[19] 韩红梅,王礼力.农户对粮食补贴政策的满意度及其影响因素分析——基于河南省447份实地调查数据[J].求索,2013(4):9-12.

[20] 程国强,朱满德.中国粮食宏观调控的现实状态与政策框架[J].改革,2013(1):18-34.

[21] 亢霞,钟昱,张庆.我国粮食仓容现状、存在问题及对策研究[J].农业现代化研究,2015(5):721-726.

[22] 李建宇,郭小军.调整储备政策强化动态监管——财政支持粮食储备政策的问题及建议[J].中国财政,2016(23):40-42.

[23] 贺伟.我国粮食最低收购价政策的现状、问题及完善对策[J].宏观经济研究,2010(10):32-36,43.

[24] 王双进.粮食托市收购的困境及改革取向[J].经济纵横,2015(11):87-92.

[25] 王丹,杨康.粮食托市收购政策的理论分析与效果评析[J].经营与管理,2015(9):93-97.

[26] 杜文龙.我国粮食供应链整合问题探讨[J].商业时代,2006(36):7-9.

[27] 王薇薇,谢琼,王雅鹏,孙凤莲.粮食收购市场各主体利益协调的经济学分析[J].中国农村观察,2009(4):13-19,96.

Research on The Interest Coordination Mechanism of Grain Supply Chain Under The Acquisition Policy

Gao Jing Li Yang

(*Collaborative Innovation Center of Modern Grain Circulation and Safety, Nanjing University of Finance and Economics, Nanjing, 210003 China*)

Abstract: Based on the perspective of SCM (supply chain management), this paper analyzes the behavioral characteristics of food circulation entities, analyzes the benefits coordination mechanism of the grain supply chain under the grain support and procurement policies and proposes the corresponding research hypothesis. Based on this, theoretical modeling is used to explore the possibility to coordinate the supply chain interests under the impact of information asymmetry of grain collection and storage and international food price shocks. Finally, combining with the practices of our country's grain supply chain, the benefit coordination of grain supply chain in different scenarios is simulated and analyzed. The conclusions are as follows: First, the current interest coordination mode of the grain supply chain can be regarded as the standard wholesale price contract. Under the action of the grain support and procurement policies, the supply chain has the possibility of realizing coordination; Second, the benefits coordination mechanism of the grain supply chain under the grain support and procurement policies is too dependent on the government's macro-control, which has not promoted the formation of a community of interests for grain farmers and grain purchasing enterprises. Therefore, with the continuous increasing of the market price, the grain production will continue to increase when the supply chain is coordinated, thereby aggravates the problem of high inventory of grain purchasing companies, eventually leads to increasingly heavy pressure on the government's financial subsidies to enterprises; Third, the asymmetric information on grain storage and international low food prices will cause extrusion effect to domestic wholesale grain market demand. Although it will not affect the planting decisions of grain farmers, but will further intensify high inventory of grain companies and high government expenditures.

Key Words: Grain Support and Procurement Policies; Grain Supply Chain; Interests Coordination

粮食产业发展现状调研报告
——以江苏省为例

向新跃　缪书超　李冬梅　韩　冬

（南京财经大学，粮食经济研究院，南京，210003）

摘　要：粮食产业发展一直是关系我国粮食安全的重要问题。基于对粮食生产、加工、仓储、物流等环节共五家企业的实地调研发现：高成本和低价格限制了企业种植高品质作物的意愿，且粮食产后服务体系建设的滞后导致销售渠道单一；粮源不稳定和收入结构不合理增加了粮油加工企业的经营风险，利润水平因核心竞争力的缺失和原料价格的上涨始终处于较低水平；仓储物流企业经营模式单一，政策和地理因素增加了仓储物流成本，较低的薪资水平致使人才流失严重；较低的粮食储备统筹水平和固定的粮食储备轮换周期造成了仓储资源的浪费，过多的行政干预扰乱了价格机制，增加了储备成本。

关键词：粮食产业；江苏省；粮食生产；粮油加工；仓储物流；粮食储备

一、调研背景

为了解我国当前粮油流通企业的生产现状，熟悉粮食收购、现代化储备运行情况，增强理论与实际的结合能力，南京财经大学粮食经济研究院师生一行 20 人于 2019 年 6 月 13 日至 15 日赴江苏省粮食集团公司、江苏省沿海农业发展有限公司射阳金海岛基地、南通季和米业、三零面粉海安公司、江海粮油张家港产业公司、昆山粮食收储公司、吴淞江粮食物流产业园开展了以"粮食产业发展现状与趋势"为主题的粮食全产业链调研活动，调查对象包括粮食生产、粮食加工、粮食仓储物流等环节。

二、调研企业概况

（一）江苏省沿海农业发展有限公司射阳金海岛基地

射阳金海岛基地位于风景优美的丹顶鹤自然保护区，是 2018 年"中国好粮油"行动

---

① 收稿日期：2019-09-12

基金项目：2019 江苏省研究生科研与实践创新计划项目：粮食价格波动的主销区农户福利效应研究（KYCX19_1349）、提升粮食行业信息化水平的路径及策略研究（KYCX19_1448）、中国大豆进口市场的竞争结构分析：基于市场势力视角（KYCX19_1447）、粮价波动和粮食补贴对主产区农户福利变化的影响研究（KYCX19_1349）、粮食虚拟耕地贸易的效益及影响（KYCX18_1279）。非常感谢苏粮集团、沿海集团、三零面粉海安公司、张家港粮油产业园、昆山粮食收储公司、吴淞江粮食物流产业园相关工作人员对本次调研和本文材料的支持！感谢王钢同学、付宇同学、李尧同学对本文写作的支持！

示范项目基地,该基地种植品种包括南粳 9108、505、华粳、淮稻 5 号等水稻品种,扬麦 23、宁麦 13 等小麦品种。基地目前共有耕地 3.5 万亩,其中用于稻麦生产 3.35 万亩,亩产水稻约为 1100 斤、亩产小麦约为 900 斤。基地作物品种优良,例如该区域目前大面积推广的南粳系列水稻品种,在全国 2019 年食味口感比赛中位列全国前茅。个别品种的口感超过了日本大米,且在本地的适应性较好,产量性状均为上乘,亩产可达 1200 斤以上。以里下河农科院和省农科院的扬麦系列和宁麦系列为代表的红小麦品种,其主要特点是适合制作蒸煮类用粉。基地在选种优质品种作物的同时,积极改善作物生产条件和改进作物栽培方式,比如土壤改良、秸秆还田、合理施肥、减少氮肥使用、控制高毒农药,积极尝试特殊方式下的生物农药以及生物菌肥的使用,以有效提高农作物的食味和内在品质。

(二)江苏三零面粉海安有限公司

江苏三零面粉海安有限公司是江苏省粮食集团控股企业,江苏三零面粉公司是农业产业化国家重点龙头企业,注册资金 19841.3 万元。公司有两条日处理小麦 500 吨生产线(年加工 30 万吨),粮食仓储仓容 6.7 万吨(4.5 万吨平房仓和 2.2 万吨筒仓)。目前主要存储品种是小麦,还有一部分 2015 年托市收购的粳稻。主营业务包括:面粉及其副产品的生产、加工和销售;粮食收储和销售。公司配备有研究与试验发展中心,具备检测小麦和面粉各项内在品质指标、卫生指标的能力,并为公司调整产品工艺参数、开发新产品提供技术支持。仓储方面,公司引入了仓储综合业务管理、出入库作业、仓储智能化、智能安防等系统,加强仓储信息平台建设,实现了粮油仓储日常管理和业务处理的网络运行和计算机操作,以及收储系统与面粉加工系统之间、上下级之间的数据共享、业务协同。

(三)南通季和米业有限责任公司

南通季和米业有限责任公司成立于 2001 年,注册资本 7300 万元,公司拥有日处理水稻 900 吨的大米生产线,主要业务为大米加工和政策性粮食收储。其中,在临时收储方面,公司服务对象主要是中小农户。公司厂区设置 3 个原粮卸货点,每个卸货点均配备收储容器、烘干机、升降机、传送带、检测仪以及鼓风机等设施,实现了原粮收购"检验—卸货—烘干—入库"的"一站式"服务。在大米加工方面,公司现可加工苏软香、十里稻香、鸭稻香、秋之韵、海安御厨贡米、江苏大米、江苏香米以及海安香黏米等十余种品牌,产品不仅销往常规批发和零售市场,更为一些超市和大型企业专供所需大米品种。

(四)江苏省粮食集团昆山粮食收储有限公司

江苏省粮食集团昆山粮食收储有限公司(以下简称昆山公司)原名江苏昆山国家粮食储备库,2017 年 8 月经粮食集团批准改制为国有独资的有限责任公司,注册资本 8000 万元,主要经营粮食及农产品收购、仓储、物流和销售。公司原址在昆山老城区,为响应昆山市政府城区规划要求,昆山库实施异地重建。新库占地面积 200 亩,位于昆山市区南部,南临吴淞江、北靠沪宁高速公路、312 国道、京沪、沪宁高铁,东邻昆山市粮食局储备分库、益海嘉里昆山公司,公路、铁路、水路交通十分便捷。昆山公司物流园项目总投资约 1.9 亿元,项目分一、二期建设,共建成 21 幢拱板平房仓、3 幢中转仓及其码头等配套设施,总仓容为 15.48 万吨,除烘干房项目正在建设,其余设施均已于 2018 年建成并投入使用,可同时进行出、入库作业,日吞吐量可达 3000 吨以上,各类仓储信息化设施齐全，形成集仓储、贸易、中转、烘干为一体的新型粮食物流集散地。政策粮的保管和轮换政策性补贴是公司收入的主要来源，此外，租赁业务同样为公司的主营业务，除去政策性仓容使用，常年有3万吨的存量仓容可进行即购即销、以销定购、代收代储和交收库业务。

（五）吴淞江粮食产业园

吴淞江粮食产业园主要由昆山粮食收储有限公司、益海嘉里（昆山）食品工业有限公司和昆山粮油购销公司组成，经过多年发展，已形成一个集仓储、物流、加工等功能于一体的粮食产业集聚区。根据《昆山市粮食安全保障体系"十三五"规划》提出，园区将进一步整合优化资源，促进园区各企业的功能提升，打造一个优势互补、布局合理、运转高效的现代化粮食产业园。园区共分"一园两区"，占地总面积约793亩。其中，南区占地面积约630亩，北区占地面积163亩。园区粮食仓储能力40万吨，粮食年中转能力300万吨，加工能力100万吨，2018年营业收入50亿元。到2025年将打造成国家级现代粮食产业示范园区，预计到时仓储能力50万吨，加工能力150万吨，粮食交易量60万吨，营收100亿元。

目前，吴淞江粮食产业园的运输方式主要为内河、公路运输，可积极对接太仓港、张家港等沿江港口和昆山铁路货运站，发展江海河联运、铁水联运等。同时，吴淞江粮食产业园与江海粮油、中粮东海、天良港等定位不同，产业园拥有粮食收储、加工、仓储、交易等全产业链，其中小麦粉产量占到苏州市的98%，在规模和服务功能方面都具有较大优势。

三、调研中发现的问题

（一）粮食生产环节

1. 优质品种市场占有率不足

金海岛种植基地目前种植的有机水稻产量为一般水稻产量的50%左右，而价格是一般水稻的3倍以上，但用于种植有机水稻的耕地仅为600亩，总产量远不及一般水稻。并且因所产水稻多销往华东及南方经济较发达地区，当前优质水稻产不足需。

2. 优粮难以优价

目前金海岛种植基地的优质水稻，市场需求虽然旺盛，但稻强米弱的格局难以改变，不断上涨的劳动力成本和农资成本，逐渐挤压了企业的利润空间，且农业补贴相较于粮价的下跌更显微不足道。因此，成本和价格双重压力下企业难以扩大优质水稻的种植面积。

3. 农作物销售模式单一

目前基地水稻、小麦、油菜籽主要销售渠道有经纪人上门收购、企业订单、出售给粮食贸易企业、自己加工等，其中经纪人收购占比超过50%，企业订单约占20%，出售给粮食贸易企业约占20%，自己加工占10%。因基地地处国家级珍禽自然保护区，保护区内不得建设任何生产设施，缺乏晒场、烘干设备及储藏场所等粮食产后服务体系，粮食收割后第一时间内只能将潮粮低价销售给粮食经纪人或相关企业。

（二）粮食加工环节

1. 产品竞争力较弱

调研中大米加工企业对产品仅按优质大米和非优质大米区分，虽然品牌众多，但多为贴牌生产，产品缺乏足够的区分度，行业门槛较低，主要靠规模获取利润，核心竞争力不强。而对于面粉加工企业，虽然拥有自己的知名品牌，但是目前的面粉产品主要面向华东地区。在国际粮商和国内民企纷纷大肆扩张布点建厂的背景下，原有的市场空间受到压缩，难以通过扩展其他市场来提高产品的市场占有率。

2. 原粮来源不稳定

调研中的米面加工企业其粮源主要来自中小农户的售粮，通过市场采购来满足企业生产需求，而即使与规模农户、家庭农场提前签订购粮协议，由于缺乏有效约束，往往履约率较低。较小的规模使企业在市场中没有议价能力，只能被动地接受市场价格，为了获取足够数量和品级的粮食，需要通过较高的价格进行收购。因此，缺乏稳定的原粮来源，变相地增加了企业的生产成本。在对油脂加工企业的调研中发现，原粮来源的不稳定还体现在政策的不确定性方面。中美贸易战以来，我国的进口大豆主要来自巴西，但是巴西大豆的品质与美国大豆有较大差距，且杂物较多，分离成本高，受政策影响，调研的企业目前没有进口美国大豆的计划。

3. 收入构成不合理

南通季和米业有限责任公司主要经营原粮临时收储业务和大米加工业务。其中，原粮临时收储的补贴收入占了公司利润较大比例，其大米加工业务所能为企业创造的利润较少。由于近些年国家不断降低粮食最低收购价格，以减少临时收储政策对市场的扭曲。在这一趋势下，原粮临时收储补贴收入占比过大势必会增加企业的经营风险。

4. 粮食企业产业链不健全

在生产环节，金海岛种植基地有一定的规模优势，但从种植品种的选择到市场的销售没有与加工环节形成良好的互通；在加工环节，所调查的几个加工企业，生产出的产品均限于粗加工，企业创新能力和科技投入不足，没有介入产品精深加工，企业利润相对薄弱，无法有效拓展市场。

（三）粮食收储环节

1. 入库成本较高

昆山地处销区，同时苏州市给予规模农户0.1元/斤的价外补贴，致使昆山收储公司无法在当地收到一手原粮，所有储备全部依靠"北粮南运"，出库原粮又大部分是原线回返，入库价格较产区高60元/吨。如2018年夏收季节苏北产粮区库点小麦收购价1.10~1.12元/斤，而昆山收储公司到库价达到1.145元/斤。

2. 无法直接对农收购

昆山当地税务部门实现对农收购备案制，非本地农户无法开具收购发票，公司入库的粮食全部要签购销协议调入，一是入库成本高，二是合同签订基本是到市场稳定后才签署，轮换入库时间往往滞后于其他库点近1个月。

3. 经营模式单一

昆山收储公司这几年的运行，主要营业收入是储备粮费用补贴和依托仓容开展的代储、以销代购业务产生的业务收入，纯市场性贸易很少。

4. 职工收入偏低

公司一线职工与同地区、同类型的其他企业职工相比，人均工资低3万元左右。低收入导致目前公司人才队伍专业结构不合理，尤其是粮食保管、化验岗位，很难招到专业院校毕业生，同时人员流动性也较大，有些关键性岗位有断档现象。

四、对调研企业的建议

（一）粮食生产环节

1. 围绕市场需求，调优种植结构

在保证粮食供给数量的前提下，提高粮食供给质量和效率。随着粮食消费群体、消费观念以及消费方式的变化，对粮食产品多样化、优质化要求越来越高，基地要围绕市场需求，逐步提高种植基地的优质水稻种植比率，在生产条件满足的前提下，保证优质水稻的亩产稳定。同时，可考虑引进多种优质水稻品种。丰富优质水稻的品种结构，向绿色化、特色化转变，拓宽销售市场，提高市场占有率。

2. 发展绿色农业，实施减肥增效

2019年中央一号文件，提出加大农业面源污染治理力度，开展农业节肥节药行动，实现化肥农药使用量负增长。2019年7月5日，位于江苏省盐城市的中国黄（渤）海候鸟栖息地（第一期）成功列入世界遗产名录，沿海农发公司的金海岛基地、剑丰基地分别地处江苏盐城湿地国家级珍禽自然保护区和江苏大丰麋鹿国家级自然保护区，均在中国黄（渤）海候鸟栖息地范围内，基地要大力发展绿色农业、生态农业，所在基地产品要全部进行绿色认证，实施测土配方施肥，实现减肥增效，打造绿色生态生产基地。

3. 加强政策研究，拓展销售渠道

基地要加大对农业生产扶持政策的研究力度，如良种补贴、秸秆还田补贴、地力保护补贴、水稻种植补贴、农机具购置补贴、农业生产保险等，以稳定生产成本，促进粮食增产。通过各种方式拓展销售渠道，加强自有产品品牌建设，逐渐扩大自有产品加工所需原粮比例，与下游大米、面粉及相关食品企业之间建立直接供销合作关系，保证所种品种能够符合加工企业所需，从而提升种植收益。

（二）粮食加工环节

1. 稳定原粮来源

企业可提前通过实地考察，获悉目标地的原粮耕种情况，与农场、规模农户提前签订收购协议，尽量与生产基地形成长期合作关系。与周围粮库进行合作，通过粮库获取稳定的粮源并降低库存成本。面对贸易战带来的粮源不稳定问题，利用"一带一路"所带来的机遇，从俄罗斯、哈萨克斯坦、罗马尼亚、克罗地亚、塞尔维亚等具备大豆出口能力的国家进口大豆以缓解当前粮源紧张状况，通过与当地的长期合作实现进口粮源的稳定性和多元化。

2. 产品层次多样化

目前，"苏三零"的产品利润率基本处于行业平均水平，相较"五得利"品牌面粉，走量式的"苏三零"品牌面粉的利润率相对较低。而季和米业的产品结构比较单一，不能满足市场多样化、优质化的需求。随着人民消费理念的不断升级，对于高端营养的优质农产品的需求也不断上升。因此，实现品牌层次化，相对应于不同的消费群体提供不同层次的产品，在市场整体供过于求的阶段，多层次有品质的产品供给有助于提高企业的利润水平。

3. 拓宽经营范围

米面加工企业应沿产业链条进行拓展，多元化经营。具体而言，公司应围绕原粮仓储和加工这两大核心业务，利用交通优势，拓展原粮装卸、中转集散、仓储、堆存、交割、件杂货堆存、粮食加工等功能，实现企业利润来源的多元化。而油脂加工企业需围绕油脂加工、精炼、粮油装卸、中转集散、仓储、堆存、保税、交割、件杂货堆存、商务、办公等服务功能，逐步将江海粮油张家港产业公司打造为油脂加工、粮油仓储、油脂精炼、保税交割、中转联运和综合配套六大功能区，通过业务范围的扩展实现利润的增加。

4. 延长产业链

粮食企业目前的行业利润率较低，大型企业凭借其规模经济来压低成本，获取较多利润。根据苏粮集团"十三五"发展规划，在"十三五"末江海粮油张家港产业公司年货物吞吐量将达到1000万吨以上，打造全国最大的省属油脂生产、储存、流通基地和有领先地位的现代化粮油产业基地，连接苏粮集团昆山粮库、吴中米厂等企业成线成片成面，成为苏南地区保障全省粮油安全、维护市场稳定强有力的载体和抓手。加工企业要提前介入生产环节，与种业公司合作开发优质品种，加大科技创新投入，适度进行精深加工探索，延长企业产业链，实现从初级产品向最终消费品的升级，扩大企业生产规模，提高企业经营质量，拓宽企业经营范围，通过规模效应、溢价效应来获取更多的发展空间。

（三）粮食储备环节

1. 发展订单农业

发挥国有企业的规模及资源优势，大力发展订单农业，与农场、合作社及农户直接签订收购合同，掌握稳定的优质粮源。在各产粮区，提前布局，建立粮食收购经纪人档案，不断拓展粮食收购网络，提高企业控制粮源的能力。另外，建议允许适当比例粮食储备轮换由企业进行动态化操作，以便企业在最佳市场时期进行粮食市场操作（张信斌，2007）。

2. 拓展代储业务

充分发挥公司的地理位置和粮库规模优势，在保证粮食安全储备的前提下，联系南方及周边用粮客户，拓展代储业务，进而创造更多的贸易机会，为企业创造更多的经济效益。企业要真正树立向市场要饭吃，而不是向财政要饭吃的观念，放下等、靠、要的思想，与其他经济主体竞争。要允许和鼓励企业利用期货工具，实现期现结合，控制风险，提高效益。

3. 加快建设人才队伍

粮食企业要根据自身发展的需求，通过内培外引方式，加快建设管理型、技能型、创新型人才队伍，建立健全科学的人才薪酬考核办法，允许存在地区工资差，引进职业经理人，对特殊人才可采取灵活的分配办法，如实行协议工资和股权期权激励等分配形式，在家庭安置、租住房等方面给予政策支持（吴宏林，2018）。

4. 优化轮换制度

按照现有储备粮管理办法，储备粮轮换实行定额补贴，但已连续几年稻谷新陈价差出现大的差额，导致承储企业轮换亏损太大，建议江苏省参照外省轮换政策，进行财政托底轮换，或针对每年不同的市场情况核定轮换补贴。另外，建议进一步放开政策，允许储备粮省内异地存放，减少粮食来回运输成本的浪费。

五、我国粮食产业发展面临的深层次问题及改进建议

在调研过程中，针对我国粮食生产、流通及储备环节存在的共性问题，发现我国粮食产业发展存在的深层次问题及改进建议如下：

（一）改变现行储备粮静态管理办法

我国对各级储备粮基本实行静态化的管理方式，储备规模一经落实，没有有关部门批准，不得随意出库。在粮食购销完全市场化的情况下，承储企业常常因为计划指令与市场脱节而贻误轮换时机，经常会陷入"高价进、低价出"的困境，轮换差价越来越大，储备企业亏损严重。

改进建议：建议参照其他省份省级储备机制，实行政府兜底、择机轮换、公开拍卖的办法，通过静态管理与动态管理相结合，改革江苏省现行粮食储备轮换办法。将动态库存让企业自主轮换，静态库存为政府掌握，企业不得动用。动态库存由企业单独运作，用于循环轮换，把掌握轮换时机和经营主动权放给储备企业，由企业综合考虑市场行情和库存粮食的品质变化，灵活运作，自主经营，自负盈亏（马崇知，2008）。

（二）国内粮食产业松散脱节市场竞争力弱

当前，国际四大粮商已控制着国际谷物80%的市场份额，左右着国际粮食市场的价格、进出口贸易，它们从种子、饲料、化肥这些环节直到产、供、销"一条龙"经营，在市场几乎每一个层面都占据绝对优势（赵予新，2013）。而我国粮食生产、加工、物流等环节存在程度不同的松散脱节现象，还没有转变低层次、高消耗、低效率的发展方式。在2019年全国政协会议上，全国政协委员程永波提出："培育壮大中国自己的跨国大粮商。必须在大力推动国有粮食企业改革、打造'国际粮商国家队'的同时，为民营粮食企业的国际化发展提供更加优惠的政策支持，积极支持他们参与国际粮食产业分工和产业链再造，提升我国在国际粮食市场影响力和话语权，争取在'十四五'期间培育出10家左右的中国国际大粮商。"

改进建议：处理好政府和市场的关系，以品牌、资产、资本、市场为纽带，给予必要的政策扶持和引导，进行布局优化，树立"大粮食、大产业、大市场"理念，围绕发展从田间到餐桌全产业链，鼓励实施跨行业、跨所有制的兼并重组，组建涵盖良种繁育、粮食生产、粮食收储、粮食加工、粮食物流、粮食销售的粮食产业集团，提高市场竞争能力，形成一大批粮食产业集群，从而推进粮食供给侧结构性改革，带动农业结构优化升级，促进农业增产、农民增收、企业增效，提高粮食产业综合效益。

（三）粮食行业人才队伍素质有待提高

当前粮食行业人才队伍的现状难以适应行业发展前景，选人用人机制与粮食行业发展

对人才的迫切需要存在明显的偏差，基层粮食企业普遍面临人才断层、年龄结构老化、中间力量缺失等困境，而由于粮食产业相对效益较低，缺乏吸引力，很难引进新的力量，同时很多粮食企业管理观念落后，管理机制僵化，一味追求经济效益，忽视了对员工的培训和投入，造成人才队伍素质比较低。

改进建议：一是要加强系统培训，提高人才队伍素质。通过行业主管部门、企业，针对不同层次人才，制订粮食专业人才的培训计划，并进行不同类别的专业资质认定，以实现系统的素质提升。二是引进不同人才，优化人才队伍结构。适应现代粮食流通产业发展的需要，不拘一格引进各类人才，如经营管理人才、专业技术人才、高技能人才，与高等院校联合培养等，通过采取各种措施，为企业引进和输送人才，优化人才队伍结构。三是设立人才基金，激发人才队伍的内在动力。建议政府将粮食产业实用人才开发资金列入人才开发经费总预算，设立"粮食产业实用人才开发基金"，由省粮食和物资储备局及省粮食行业协会联合相关高等院校，用于开发基地的建设、培训师资的支出、高层次实用人才的培训和奖励在粮食实用人才开发工作中成绩突出的部门和个人。

六、结语

我国历届领导人都十分重视粮食问题，实施粮食产业高质量发展是为了进一步确保粮食安全，为粮食产业提质增效，符合党和国家的总体战略部署和规划。通过本次实地调研，进一步了解了我国粮食产业的生产经营情况，增强了理论与实际的结合能力，深刻体会到国内粮食加工行业加快转型升级步伐的紧迫性。粮食经济的研究，需要将理论与实践相结合，进而做出社会所需的科研成果，进一步保障我国粮食安全。

参考文献

[1] 张信斌. 提高地方储备粮效益的途径 [J]. 中国粮食经济，2007（4）：29-31.
[2] 吴宏林. 浅析粮食企业招贤纳士策略 [J]. 企业科技与发展，2018（12）：286-287.
[3] 马崇知. 对储备粮轮换工作的几点建议 [J]. 中国粮食经济，2008（6）：40-41.
[4] 赵予新. 粮食产业发展方式转变的标志与路径选择 [J]. 农村经济，2013（8）：51-54.

Survey Report on Current Situation and Trend of Food Industry
—Taking jiangsu Province as an Example

Xiang Xinyue　Miao Shuchao　Li Dongmei　Han Dong

(*Institute of Food Economics*, *Nanjing University of Finance and Economics*, *Nanjing*, 210003 *China*)

Abstract: The development of grain industry has always been an important issue related to China's food security. Based on the field research of five enterprises in grain production, processing, warehousing and logistics, research found some results: High costs and low prices limit the willingness of enterprises to grow high-quality crops, and the lag of post-natal grain service system construction leads to a single marketing channel; Instability of grain sources and unreasonable income structure increase the operational risk of grain and oil processing enterprises. The profit level is always at a low level due to the lack of core competitiveness and the rise of raw material prices; Warehousing logistics enterprises have a single business model, policy and geographical factors increase the cost of warehousing logistics, and lower salary levels lead to serious brain drain; Lower overall planning level of grain reserve and fixed rotation cycle of Grain Reserve result in waste of storage resources. Too much administrative intervention disturbs the price mechanism and increases the cost of reserve.

Key Words: Grain Industry; Jiangsu Province; Grain Production; Grain and Oil Processing; Warehousing Logistics; Grain Reserve

宝应县粮食产业发展：现状、问题与建议

虞松波¹　刘　婷²

（1. 南京财经大学，粮食经济研究院，南京，210003；
2. 南京财经大学，现代粮食流通与安全协同创新中心，南京，210003）

摘　要：通过对宝应县粮食产业的实地调研，本文从粮食生产、加工、产后服务以及品牌建设等方面对宝应县粮食产业发展现状进行总结，并梳理其产业发展过程中存在的问题。最后，本文从优质粮食供给、粮食品牌建设、人才队伍建设等方面提出相应的对策建议，以期为宝应县的粮食产业发展提供参考。

关键词：宝应县；粮食产业；现状；问题；建议

粮食安全不仅事关国计民生和社会稳定发展，也是关系到国家安全战略和国际粮食产业竞争战略的重要问题。新时期，粮食安全面临着新的背景和问题，其中最为突出的是结构性紧缺矛盾。党的十九大报告特别强调要确保国家粮食安全，把中国人的饭碗牢牢端在自己手中。2019年中央一号文件也指出要稳定粮食产量，保障我国重要农产品的有效供给。在此背景下，我国粮食安全战略必须与时俱进，将粮食安全问题置于新的历史时期来重新审视，树立新型粮食安全观念（蒋和平等，2018）。

新型粮食安全观念，不仅要注重粮食供给的数量安全，更需兼顾粮食流通安全，这就涉及粮食产业发展问题。发展现代粮食产业是一项长期而艰巨的任务，是一项复杂的系统工程。为深入了解粮食产业发展情况，笔者以江苏省宝应县为研究对象展开调研，接连走访宝应县境内粮食产业龙头企业、粮食加工企业、农业科技服务公司以及农村种粮大户等市场经营主体，对宝应县粮食种植、收购、仓储、物流、加工以及生产服务等环节进行了较深入的了解。在此基础上，笔者分析了宝应县粮食产业发展的现状和存在问题，并对该地的粮食产业发展提出对策建议。

江苏省宝应县地处淮河下游，地势低洼，属于里下河浅洼平原区，农业土地面积占全县土地比重高达73.19%，县域内河湖众多，河网纵横交错，地表水系发达，具有粮食种植的天然优势，是我国规模较大的产粮大县（陈玉亮，2014）。以宝应县粮食产业发展为研究对象，具有一定的代表性，其发展经验和存在的问题也能够为省内以及国内具有相似资源条件的县域提供借鉴。

---

① 收稿日期：2019-08-18

一、宝应县粮食产业发展现状

（一）粮食生产情况

宝应县地处江淮北部，属江苏里下河农业生产区，粮食综合生产水平处在江苏省前列，是省内认定的首批"亩产吨粮县"和国务院表彰的"全国粮食生产先进县"，粮食作物以稻麦为主。从产量角度看，粮食总产量基本保持稳定。截至2018年12月，全县小麦年种植面积约83万亩，稻谷种植面积约86万亩，粮食年产量近18亿斤，其中小麦7亿斤，稻谷11亿斤，商品粮量约15亿斤。小麦单产约400公斤，稻谷单产稳定在630公斤左右。近三年来，受退耕还湖政策以及经济作物挤压等外部因素的影响，稻麦种植面积呈逐年下降趋势，水稻播种面积从2016年的87.8万亩下降至2018年的83.28万亩，小麦播种面积从2016年的85.06万亩下降至2018年的81.36万亩。从结构角度看，稻麦种植品种不断优化升级。南粳9108和淮稻5号是宝应种植面积占比最高的两大品种，其中单产最高的超级稻品种南粳9108的种植面积不断扩大，2017年其种植面积占比最高达到41%，而淮稻5号的面积正逐步压缩，面积占比已经由2014年的61.42%下降至2019年的48.76%，未来将被更加优质高产的品种替代。小麦种植以扬辐麦4号、扬麦16、扬麦23以及镇麦168等品种为主，宁麦13已逐渐退出市场。

（二）粮食加工情况

截至2018年12月，宝应全县登记注册的粮油加工企业共29家，其中国有企业3家，民营企业26家，日加工消化能力达1600吨。就大米加工企业而言，全县大米年设计生产能力56.1万吨左右，年处理稻谷能力80万吨左右。其中民营大米加工企业规模相对较小，日均加工转化量不足20吨的企业有13家，日均加工量20~50吨的企业有8家。从加工企业集中度看来，当前大米加工企业分散在山阳、夏集等10个乡镇，难以发挥规模化的产业集聚优势。

作为江苏省首家县级粮食集团公司，宝粮集团充分发挥其龙头企业的主渠道引导作用，其全资子公司永佳米业和名佳食品分别是宝应县稻麦加工转化的主力。永佳米业建有大米生产线两条，年处理稻谷20万吨，占全县大米产量36%，公司生产的"宝粮""洁莹"等品牌系列特质粳米在上海、浙江以及江苏省内多个地区具有较高的市场知名度，永佳米业入选"苏米"核心企业。名佳食品拥有一条15万吨专用粉生产线，"名佳"牌小麦粉先后获得江苏省著名商标、江苏省名牌产品、绿色食品A级产品以及中国"十佳粮油"等多项殊荣。

（三）粮食产后服务情况

针对市场化收购条件下农民收粮、储粮、卖粮、清理、烘干等环节存在的一系列难题，宝应县通过整合行业现有资源，不断完善粮食产后服务工作。从粮食购销情况来看，2018年，宝应县完成粮食购销总量166.92万吨，其中小麦71.42万吨，稻谷95.68万吨，国有粮食企业完成购销总量75.66万吨，其中优质优价收购20.03万吨，新型经营组织收购量占全社会收购量的87%。可以看出，宝应县优质优价收购以及新型农业经营主体直接参与收购的两项工作正在稳步推进中。从粮食物流体系建设情况看，目前全县逐步形成了以江苏宝应湖粮食物流中心有限公司15万吨粮食物流库区为核心,刁夷、潼河、廷柏3万吨以上高大平房仓库区为中心,40多个骨干及收纳库为支撑的粮食仓储体系,全县仓储总容量56万吨。国有粮食企业收购总仓容达45万吨,在全县(市、区)域中名列前茅,其中标准化仓容27.6万吨,全县整体现代化仓储水平达到61.3%,同时拥有烘干设备6套。兼具千吨级运河码头1座,配套专用粮食运输车辆40多辆,建成日处理2000吨大型低温粮食烘干设施6组。从粮食质检情况来看,宝应县已经建成以国家有机食品质量监督检测中心(国家级)为依托,县粮食质量检测中心(省级待批)为平台,各粮食经营单位检化室(具备初步检化能力)为配套的三级质量检测体系。粮食产业园区建有国家级有机食品检测中心,县粮油检测中心,可为收购、仓储、加工、销售粮油提供"一条龙"第三方检测服务。从粮食销售情况来看,在宝粮集团主渠道作用引导下,宝应县开始拓展线上线下的多元化销售渠道。线下建设好粮油直销店,除宝应开设的宝粮产品体验店外,还在上海开展"宝粮到家"直营店,由单一的连锁超市渠道向流通渠道、团购渠道共同发展,开辟了上蔬永辉、上海乐购、上海中商惠民等连锁超市系统,销售网点从24店增加到600点。销售区域也由上海辐射到南京、苏州、合肥、杭州等地,并在上述地区开发一级经销商1家,二级经销商4家,与上述地区有7家单位和团体建立了长期团购的供货关系,产品发展到10个产品22个包装。上海、南京公司销售"宝粮"粮油产品1000多吨,销售额达1100多万元。线上销售正在逐步推进之中,目前宝应大米、荷香米、饺子粉、面条等部分产品已进入淘宝、天猫,"宝粮到家"线上APP的设计方案也在确定过程中。

与此同时,以"宝粮农业科技发展有限公司""扬州田田圈农业科技服务有限公司"等为代表的粮食生产服务公司,充分开展对种粮农民生产过程的跟踪服务,是对粮食产后服务体系的补充和完善。

(四)粮食品牌建设情况

结合"优质粮食工程"建设项目的建设目标,宝应县粮食品牌战略取得显著成果。从品牌发展情况看,2018年国家工商总局批复"宝应大米"地理标志商标。宝粮集团旗下米、面、油等系列产品的品牌效应逐步形成,"宝粮"和"名佳"均为江苏省著名商标,其中"宝粮"获"中国十佳粮油区域领导品牌"称号,"名佳"面粉为省名牌产品。"宝粮"荷香米于2017~2018年连续两次获得"江苏好大米"十大品牌称号,洁莹、名佳产品获扬州市十佳主(杂)粮品牌。从优质粮食供给情况来看,一方面,全县推广种植优质粮食品种,扬麦4号、扬麦16/23号、镇麦168、粳稻9108等的占比逐年提高;另一方面,县粮食局积极推进具有地域特色的优质粮食品种的开发,与县农委、里下河农科所、江苏省农业科学院粮食作物研究所等科研单位合作,并成立博士工作站、大米研究院,打造"宝粮1号"优质稻谷品种,推动粮食品种结构优化升级。

二、宝应县粮食产业发展问题

(一)优质品种推广范围小,难以形成优粮优价收购机制

调研中我们了解到,目前宝应县种子市场代销点数量多,品种应用趋于多、乱、杂,

为降低生产成本，部分种粮大户和农民自留种串换比例较高，不适应标准化生产对优质粮食品质提高的需要，尤其是优质水稻南粳 9108 香味基因缺失的问题十分突出。总体来看，粮食生产环节高产品种多，优质品种少；普通品种多，名牌品种少，粮食优质品率较低。另外，种粮成本连年攀升以及优质品种难以优价收购的问题进一步影响农户种植优质粮食品种的积极性。以正在推广种植的优质水稻品种 9108 为例，由于产销加环节的脱节，大部分农民将优质粮作为普通原料出售，优质难以优价。由于缺乏规模化的优质粮生产基地，导致零散的优质稻米和普通品种混仓收购，从而导致后续加工后的稻米品牌、特色不显著，不符合粮食加工企业对优质粮源的要求。

（二）加工企业规模小且布局分散，尚未形成产业集聚优势

从当前宝应县大米加工企业生产能力来看，年加工转化量 5 万吨以上的企业仅 6 家，占比 22%，大多数企业经营规模较小，且缺乏可靠的信息来源和可靠的产业引导，低水平重复建设和产能无序扩张的问题比较突出，形成"厂多稻少"的尴尬局面，导致出现初加工产能相对过剩以及开工率较低的浪费现象。从加工企业布局来看，除山阳镇和夏集镇两地较为集中外，其他大米加工企业分散于八个乡镇之中，且品牌杂乱，缺乏管理，尚未摆脱传统低端产品价格竞争，束缚企业发展和产业集聚效应的发挥，制约了本地产业发展步伐。

（三）粮食产业位于价值链中低端，发展方式简单粗放

宝应县粮食加工总体上仍处于依赖资源投入的数量扩张阶段，加工企业大多属于粗放型加工，以初级加工为主，精深加工和主食品工业化程度较低。小型加工企业新产品、新技术研发能力不足，稻壳、米糠、麸皮等粮食加工副产品加工转化和综合利用率较低，产品单一，产业链不完整，缺乏深度开放利用，产品附加值不高。目前，粮食产业未能形成"品种选育、栽培、种植、收割、储运、加工、销售"的全产业链，农旅结合的粮食产业新模式和新业态尚未涉足。总体而言，宝应县粮食产业链有待延伸，价值链有待提升，供应链有待优化。

（四）农企关联度不高，产业链条联结松散

宝粮集团作为宝应县国有粮食购销企业，其政策依赖思想未能完全消除，表现出市场化经营能力不足的缺陷。从农企关系来看，多数企业与种粮农民的关系仅限于买卖，农户与企业间签订的订单合同执行效果并不理想。龙头企业与种粮农民或新型经营主体未形成完善的利益联结机制，优质粮源生产基地建设滞后，导致农户种植优质粮食品种的积极性难以提升，直接影响宝应县粮食产品品质和口碑的提升。

（五）地区粮食品牌管理体系不完善，缺乏显现度和知名度

当前宝应县依然存在粮食品牌多而杂，市场竞争力和影响力不足的问题。以大米加工业为例，全县 28 家大米加工企业，市场大米品牌多达 30 余种，尚未形成统一的宝应品牌，严重影响粮食产品的社会效益和经济效益，地区品牌管理水平亟待提高。另外，优质粮源基地是品牌建设的重要基础，当前宝应县优质粮种的应用面积仍有待提升，种植结构改善缓慢的深层次原因在于优质难以优价问题的存在。优质粮的产购销一体化模式尚未形成，优质品种与优价品种混仓收购，以普通粮价收购优质粮，严重打击优质粮食品种的种

植积极性，导致粮食品质不稳定，不符合粮食加工企业对优质粮源的需求。与周边地区粮食品牌的竞争过程中，宝应县的品牌价值难以体现，市场竞争力受到制约。

（六）销售渠道传统，难以适应市场经营方式变化

从调研情况看，宝粮产品的销售渠道主要以传统的线下销售为主，通过与各大商超合作的形式进行产品销售与推广。随着零售市场直销店、体验店、示范店等新业态的出现，传统营销方式已无法满足品牌宣传的需要，加之"互联网+"的迅猛发展，不断倒逼当前销售方式的变革与创新。以周边宿迁泗洪县为例，"泗洪大米"综合利用多家电商平台，聘请第三方设计销售策划方案，与京东展开深度合作，在京东商城上开设了"京东自营店、京东直营店"，在天猫上开设"家缘粮油旗舰店"、天猫超市已将成功入驻上海，在淘宝网开设了"江苏蟹园家缘大米厂家、泗洪蟹园大米"网店，同时积极利用微信平台，多渠道、多种方式开展销售，线上平台年销售额达到600万元。因此，宝粮产品经营销售渠道网络还需不断地建设完善。

（七）粮食产业人才队伍建设相对落后，创新能力不足

从当前宝应县的粮食产业领域的人才队伍建设来看，尽管有着一直从事粮食研发、经营、销售的队伍，但是年龄相对偏老、知识结构偏低，本科以上学历仅为60多人，远远不能满足未来粮食产业创新发展、跨越式发展的需要。特别是未来随着大米研究院的建立，对专业粮食人才的需求越发突出，这将是未来宝应需要重点考虑的问题。

三、宝应县粮食产业发展建议

（一）加强基地建设，保障优质粮食供给

加快打造优质粮源基地，推进土地流转，结合现阶段宝应县优质粮食品种种植结构，继续推广和引导扬麦16/23、镇麦168、南粳9108、淮稻5号等稻麦品种的规模化种植。充分发挥博士工作站和宝粮大米研究院的科技支撑作用，加快提升宝应稻麦品质，改良提纯品种，引导种植有市场前景的粮食品种，打造升级宝应稻麦品质优势，提高粮食优质品率，同时，强化粮食优良品种的检测、监控，加快形成一批诸如"宝粮一号"的优质粮食品种。继续探索完善优质优价收购机制并推广宣传，政策上加大对优质粮食收购的资金支持，引导农户种植优质稻麦品种，形成优粮、优购、优加的良性循环。

（二）深化企业改革，构建现代粮食产业体系

宝粮集团要适应新一轮粮食购销市场化改革步伐，消除政策依赖思想，根据市场化经营需要，进行必要的资源整合和改革重组。充分发挥龙头企业的主渠道引导作用，构建依托优质粮食为支撑的"产购储加销"一体化的粮食产业体系。按照产业链条化和集群化发展的新模式，提高产业组织化程度，以"优质水稻"和"有机大米"为主攻方向，加快发展粮食精深加工，争取在粮食加工的基础上往食品加工方向延伸。由抓"粮"向抓"粮、食"并重转变，由主要重"量"向"量、质"并重转变，由主要抓原粮收储和保传统米面油口粮供应向发展现代仓储物流、精深加工、主食产业化转变。

（三）实施品牌战略，规范地区品牌管理

以品牌建设作为粮食产业高质量发展的着力点，加强宝应粮食品牌的整体统筹规划，

促进品牌整合，以优质产品为核心，打造具有宝应特色的区域粮食品牌。围绕打造"中国好粮油"示范县，开展丰富多彩的品牌创建与产销对接活动，充分利用各类媒体强化品牌宣传，提升宝应粮食品牌的社会美誉度和全国影响力。

（四）重视人才队伍建设，实施粮食人才引培行动

针对粮食系统"青黄不接"人才队伍断层、断档问题，实施粮食科技人才培养和引进计划，将人才招引工作纳入粮食安全责任制考核中，督促粮食部门和粮食企业的人才引进和培训。定期组织经验丰富、业务熟练的老员工或高技能人才与年轻员工结对，形成师徒传帮带效应，提升行业整体实践水平。围绕本地粮食种植和流通领域的热点和难点问题，凝聚龙头企业、科研院所、专业高校、行业协会等多元主体的行业专家，对县粮食产业的发展战略、项目引进予以深度咨询，为宝应粮食产业的高质量发展提供专业建议和决策参考。通过设立智库热线、专家示范岗等方式充分发挥智库作用，为本地区的粮食产业建设提供帮助。

（五）做好专题宣传，拓展销售渠道和市场空间

制订宣传规划，制作宣传材料，开展多渠道宣传，提升宝应粮食产品的社会知名度。立足现有营销渠道，拓展线上、线下经营空间。线下加强宝粮产品与国内各大商超合作，开辟上海、南京等大中城市直销店，建立本地示范店，组织参与国家、省、市粮食，农业部门，行业协会举办的相关精品粮油展、绿色粮油食品展，开展好粮油产品品牌推介会，提升宝应粮油市场知名度。线上全面推进"互联网+粮食"，推广"宝粮到家"服务项目，入驻"中国好粮油"等网上销售平台。

参考文献

[1] 蒋和平. 改革开放四十年来我国农业农村现代化发展与未来发展思路 [J]. 农业经济问题，2018（8）：51-59.

[2] 陈玉亮. 宝应县粮食生产形势分析 [J]. 经济视野，2014（20）：26-26.

The Development of Grain Industry in Baoying County: Present Situation, Problems and Suggestions

Yu Songbo[1]　Liu Ting[2]

(1. *Institute of Food Economics, Nanjing University of Finance and Economics, Nanjing, 210003 China*

2. *Collaborative Innovation Center of Modern Grain Circulation and Safety,*

Nanjing University of Finance and Economics, Nanjing, 210003 China)

Abstract: Through the field research of the grain industry in Baoying county, this paper summarizes the present situation of grain industry development in Baoying county from the aspects of production, processing, post-production service and brand construction. Then sort out the problems of grain industry in this area. Finally, this article put forward some suggestions from the high quality grain supply grain, brand construction, talent team construction and so on, in order to provide a reference for the development of the grain industry in Baoying county.

Key Words: Baoying County; Grain Industry; Present Situation; Problems; Suggestions

渠道控制、集体品牌建设与中小粮油加工企业创新动力[①]

王金秋[1,2]　胡　迪[1,2]

(1. 南京财经大学，粮食安全与战略研究中心，南京，210003；
2. 南京财经大学，现代粮食流通与安全协同创新中心，南京，210003)

摘　要：粮油加工业创新水平较为低下，平均创新投入强度仅为0.34%。本文利用苏豫两省218家中小型粮油加工企业的微观调查数据分析了企业创新的主要动力源泉。研究结果表明，销售渠道的丰富程度对企业创新活动水平的影响最为显著，销售渠道越丰富的企业创新活动水平越高，拥有粮源基地或有资格使用集体品牌的企业也有着更强的创新活动倾向。对此，企业应大力拓展销售渠道，注重粮源基地和集体品牌的建设与维护。

关键词：渠道控制；集体品牌；中小企业；粮油加工业；创新

一、引言

创新是经济增长的源泉，是提高社会生产力和综合国力的重要战略着力点，是企业获得持续竞争优势的关键（Crossan和Apaydin，2010）。在"大众创业、万众创新"的浪潮下，为数众多的中小型企业无疑成为创新的主角和基石。中国特色社会主义进入新时代，我国社会主要矛盾已经转化为人民日益增长的美好生活需要和不平衡不充分的发展之间的矛盾。老百姓不再满足于吃饱而是要求能吃好，对粮油产品的需求日益提高，这对粮油加工业提出了新的要求。近些年来，粮油加工业不断加大创新投入。根据原国家粮食局调控司主编的《2016年粮食行业统计资料》，规上粮油加工企业总研发投入从2008年的19.57亿元增加到2016年的98.6亿元，年均增速为22.4%，获得专利数也从2008年的1283件增加至2016年的2564件，增长了近1倍。然而，横向对比来看，粮油加工业的创新投入仍处在较低的水平，2016年规上粮油加工企业平均创新投入为54.98万元，但平均创新投入强度仅为0.34%，大大低于我国制造业平均研发强度（约1.1%），更是远低于美国、日本等发达国家。创新投入的不足制约了企业的发展，我国粮油加工企业普遍处在产能利

[①] 收稿日期：2019-09-09
基金项目：2018国家重点研发计划子课题"北粮南运"散粮集装箱保质运输技术装备及信息追溯平台综合示范（2018YFD0401405）、江苏高校哲学社会科学重点研究基地重大项目"粮食收储制度改革与粮食加工企业发展"（CF-SSS2019-07）。

用率不足、低效率、低利润的运营状态。实际上，尽管我国粮油加工业技术水平较为低下，但是从发达国家的经验来看，这样的行业仍然对经济发展和就业具有不可替代的作用（王瑛，2012），王丽芳等（2018）指出，中低技术产业内部创新投入低、效率高，更需要高技术驱动创新。因此，厘清粮油加工企业创新活动受到的制约因素对帮助粮油加工企业走出目前的困境至关重要。在粮油加工业中，大米加工业和面粉加工业数量众多，提供了居民生活必需的主食原料，然而相对于其他子产业，大米加工业和面粉加工业的创新水平更低，问题更加突出。基于此，本文选取大米加工业和面粉加工业微观调查数据，从粮油加工企业在原粮收购以及成品粮销售的市场表现等角度分析粮油加工企业创新活动的影响因素，从而提出如何促进其创新活动的建议。这对推动粮油加工业的发展，满足人们日益增加的对各类粮食产品的需要有着极其重要的意义。

二、理论分析

（一）以往研究的关注点

由于企业进行创新活动离不开企业内部和外部的支持，因此在以往的研究中，对企业规模、企业拥有的资源实力、企业文化、人才队伍以及企业的一些自身的特征对企业创新活动的影响研究颇多。虽然学者的研究成果存在一定的分歧，但在一定范围内企业规模大小与创新活动水平高低成正比是达成共识的（Huang和Yang，2010；庞瑞芝等，2012；段海艳，2017）。Cumming等（2016）指出，企业创新发起能力的提升需要充裕的资金支持，中国企业贷款的可获得性对企业创新投入水平有着积极的影响。也就是说，盈利能力越强、金融资源越丰富的企业越有可能进行创新活动，段海艳（2017）通过使用国泰安"中国上市公司专利研究数据库"检验了这一结论。杜楠等（2017）认为，企业文化、员工的主动性、学习能力以及合作精神等都是影响企业创新力提升的重要因素，在具有创新文化的企业中，员工对企业的创新活动必定是大力支持的，而员工平均年龄的高低则关系到企业创新成果的吸收能力，进而会对企业创新的绩效有着一定的影响。

在粮油加工业中，中小型企业所占比重超过70%，个人独资企业的数量占比和企业主要股东的平均数量远超过制造业的平均水平，这使企业大股东（独资企业的企业主）在企业发展中发挥着关键性的作用，对企业创新活动水平的影响也因为决策层人数过少而被放大。沈颂东和房建奇（2018）认为，民营企业家年龄和受教育程度都对企业创新绩效有着显著的正向影响，而董静等（2018）则发现我国农村创业者年龄对企业创新绩效有着显著的负向影响。与一般性的投资相比，创新活动的投资风险较高，且回报周期较长，过程难以预测且结果具有高不确定性（Holmstrom，1989），因此需要企业的实际决策人有较大的勇气和见识。在股权比较分散的企业中，更侧重于短期利益的小股东可能出于稳定自身利益的考虑而反对企业进行创新活动的投资，反过来单一股东企业的企业主或一股独大的企业的大股东（下文都统称为大股东）是风险偏好者或对企业的未来有长远规划的话则很可能乐于投资创新活动。进一步分析，对大股东而言，受教育程度越高，对创新活动的理解越深刻，越有可能率领企业进行创新活动；大股东年龄和从业经验对企业创新活动的影响可能并不明朗，一方面大股东年龄越大或从业经验越丰富，对行业情况越熟悉，更加充分了解行业内可能的创新突破口,另一方面则可能由于其丰富的阅历而见到更多创新失败的案例,因此会更加保守。

(二) 本文研究切入点

上述因素在一般的制造业企业中都会对创新产生影响,考虑到粮油加工业的特殊性,本文认为粮油加工企业在原粮收购以及成品粮销售市场上的一些表现会对企业创新水平有着不可忽略的影响。首先,从原粮收购来看,当企业拥有稳定而优质的粮源时,最直接的结果就是企业的原料能够得到保障。实际上,对粮油加工企业而言,优质的粮源是企业进行创新活动的一大基石,很多工艺改善和新产品研发都离不开优质的原粮,因此本文认为拥有粮源基地(包括直接拥有、参股以及签订合同等形式)能够对企业创新水平产生显著的正向影响。其次,在成品粮销售方面主要从两个方面考察,包括销售渠道和集体品牌。对于粮油加工企业而言,销售渠道主要包括大型连锁超市、本地小型超市、粮油批发市场、电商平台以及定点的企事业单位等,中小型粮油加工企业由于品牌知名度较低,以通过代理商在粮油批发市场销售为主,辅以本地小型超市以及定点企事业单位等。一般情况下,拥有越多的销售渠道,企业面对市场风险的能力越强,同时往往意味着企业的决策层开拓精神越强,引导企业进行创新的可能性就越大。有资格使用集体品牌的粮油加工企业往往位于优质的粮源产出地,且对产品的品质管控较为严格,一方面有来自集体品牌协会的压力,另一方面则来自集体品牌身份带来的市场优异表现的推动,这两方面都对企业进行创新活动有着较为显著的促进作用。企业获取集体品牌的使用权后,需要向外界披露更多的经营信息,降低了股东和经理人、资金供求双方的信息不对称程度,能够有效缓解企业进行创新的资金压力(王健忠,2018)。基于此,本文认为在市场上表现良好(即拥有更丰富的销售渠道或有使用集体品牌的资格)的企业有更强的创新动机。

三、粮油加工企业创新现状

(一) 创新投入严重不足

2016年我国入统粮油加工业总研发投入98.6亿元,企业平均投入54.98万元,位于所有行业中排名最后的几个行业之列。从上市公司来看,粮油加工业所在的食品加工制造业也属于制造业中研发投入垫底的行业,2015年人均研发投入为9077元,仅高于纺织服装业(8880元),远低于整个制造业的人均3.15万元的水平。[①] 从调查样本来看,中小型粮油加工企业创新投入更是严重不足,样本企均创新投入不足万元,零研发投入企业占全样本的比重达到54.13%。创新投入的严重不足导致了企业创新能力的不足,2016年我国粮油加工业总计获得专利2564件(其中发明专利999件),而样本企业只获得15件专利(其中发明专利5件)。

(二) 创新形式不够丰富

如果严格按照熊彼特提出的五种创新方式来考察中小型粮油加工企业的行为,则很少

---

① 数据来自国务院发展研究中心企业研究所"激发创新主体的活力"课题组《我国制造业上市企业创新投入现状与趋势评估》。

有企业能符合五种创新方式的行为，因此有必要将概念放宽。在调查中，我们发现企业主要的创新方式为产品创新和市场开拓创新，即研发并生产之前没有生产过的产品以及拓展之前没有的销售渠道。尤其是随着互联网销售平台的普及，部分企业开始通过淘宝、京东等电商平台直销产品，甚至个别企业建立了自己的销售网站。Kaplinsky 和 Readman (2005) 发现，技术水平不高的企业往往会将有限的创新资源用在开拓新市场或对工艺流程进行创新，因为这样的选择可能更易获得竞争优势，调查结果也论证了这一结论。此外，还有个别企业对生产工艺进行了创新的尝试，如某一中型大米加工企业在生产流程中增加了5个凉米仓，有效地降低了后续生产中的大米裂纹数量和爆腰率。

（三）合作创新开始萌芽

值得一提的是，多企业联合进行某项研发成为部分企业进行创新时的选择。由于企业自身实力较弱，单独进行创新活动成本较高，企业独自承担压力过大，因此出现了数家企业联合进行创新活动的现象。在调查中，我们发现部分类似的案例，如江苏省阜宁县的8家大米加工企业、江苏省泗洪县的7家大米加工企业以及江苏省泰兴市的3家面粉加工企业等。出现这一现象的原因除了上述的成本分摊以外，还在于企业之间的关系并不仅仅是竞争关系，上述几个案例中的企业产品质量得到市场认可，销路较好，并不担心联合创新会提高竞争对手的势力，而是希望通过联合创新的方式提高企业自身的效率。

（四）缺乏外部激励或刺激

一方面，中小型粮油加工企业很难获得来自政府的创新政策支持。尽管从整体上政府对农产品加工企业有一些补贴，如农产品产地初加工补助、农产品加工专项补助、国家现代农业发展资金项目、国家扶贫开发资金扶持项目以及一些税收优惠项目等，但针对企业创新的专项支持几乎没有，偶有一些地方政府零星地针对龙头企业进行补贴。总的来说，中小型粮油加工企业难以获得政府对企业创新的政策支持或补贴。另一方面，企业面临的竞争并不够激烈，企业没有创新的紧迫感。在调查中发现，中小型粮油加工企业产品的销售渠道以通过代理商在粮油批发市场以及小型超市销售为主，产品的平均销售价格差距较小；进一步在粮油批发市场和小型超市的调查发现，消费者在购买成品粮油产品时缺乏品牌忠诚度，往往是根据产品价格或销售人员推荐决定购买对象。基于此，对中小型粮油加工企业而言，重要的工作是维护好与经销商的关系，而不是对产品进行创新。产品的低差异度，品牌的低忠诚度使企业处于低竞争力与低竞争压力并存的微妙状态。

四、实证分析

通过对粮油加工业的整体创新情况和样本企业具体创新情况的分析，发现在制造业各分支产业中粮油加工业的创新水平位列倒数。在粮油加工产业内，企业规模越小创新投入水平越低，但调查中发现仍有一些企业在创新活动方面有着不错的表现。基于上述分析，本节主要使用样本企业数据对创新受到的影响因素进行分析，以期能够缓解当前粮油加工业面临的低创新水平的窘境，从而找到中小型粮油加工企业创新的动力源泉。

（一）数据来源

本文所用数据是由课题组在江苏省和河南省粮油加工企业集中的区域实地调查所得。

数据主要由两部分构成：对大米加工企业的调查数据和对面粉加工企业的调查数据。第一部分大米加工企业的调查数据主要是在江苏省淮安市、宿迁市、盐城市以及泰州市实地调查获得，这4个市是江苏省大米加工企业较为集中的城市，且产品具有一定的知名度，如射阳大米和兴化大米获得中国大米十大集体品牌称号，淮安大米获得第六届中国粮油榜"最佳标杆地理品牌"和"中国地理标志证明商标"等称号，泗洪大米通过国家农产品的地理标志认证等。在这4座城市及周边使用这4座城市所生产的稻谷为加工原料的地区共调查了162家企业，共计获得有效问卷为156份。第二部分面粉加工企业的调查数据主要在河南省商丘市、驻马店市、郑州市以及新乡市实地调查获得。这4市的面粉加工企业数量众多且类型全面，既拥有全国知名品牌的龙头企业，又有很多日产能不足200吨的小型企业。课题组在这4座城市共调查了68家企业，其中有效问卷为62份。两部分总计获得218个有效样本，且这些样本对江苏省的大米加工业、河南省的面粉加工业乃至全国的粮油加工业具有一定的代表性。

（二）模型设定及变量选择

在以往研究企业创新的文献中，衡量企业创新水平的指标主要有企业创新投入金额或人员（Hausman等，1984；Liu和Qiu，2016）、企业获得的专利数（余明桂等，2016）以及企业新产品占比（耿晔强和郑超群，2018）等几种，此外还有Antonelli等（2012）以及Peters（2009）等使用了欧盟创新调查（CIS）数据的相关指标。上述文献的研究对象往往为大中型企业或上市公司，对本文的研究对象中小型粮油加工企业而言，选择上述两种衡量指标中的任何一种都不合适，因为样本企业的人均研发投入仅为611元，获得专利的企业也屈指可数。进一步观察调查获得的数据，可以发现有118家企业的研发投入为零，因此使用总研发投入来衡量创新水平也不太合适。参考了张可和左媛（2018）的方法，本文首先考虑使用近5年是否进行创新活动来衡量企业创新水平，且为了更精准地测度企业创新水平的高低，使用了近5年创新活动的尝试次数作为衡量企业创新水平的另一个指标，构建如下两个回归模型：

$$Inno = \alpha_0 + \alpha_1 Sach + \alpha_2 Ownb + \alpha_3 Colb + \eta Controls + \varepsilon \quad (1)$$
$$Innova = \beta_0 + \beta_1 Sach + \beta_2 Ownb + \beta_3 Colb + \delta Controls + \varepsilon \quad (2)$$

式中，变量Inno和Innova分别表示近5年是否进行创新活动和近5年创新活动的尝试次数，变量Sach代表企业销售渠道指数，Ownb代表粮源基地，Colb表示集体品牌，Controls表示所有的控制变量。参考已有文献的做法并结合前文的分析，本文控制了企业自身特征以及大股东人口统计特征等方面的一系列变量，具体包括：大股东年龄、大股东受教育年限、大股东从业经验、股权结构、企业年龄、企业职工平均年龄、企业人均固定资产、企业盈利能力、业务多元化指数以及所在行业等。α_0和β_0为截距，$\alpha_1 \sim \alpha_3$、$\beta_1 \sim \beta_3$、η以及δ为待估参数，ε为随机扰动项。

需要进一步说明的是，企业销售渠道指数和业务多元化指数采取了类似赫芬达尔指数的计算方法，以销售渠道指数为例，具体测算公式为：$Scd = \sum_{i=1}^{M} R_i^2$，其中，M表示粮油加工企业销售渠道的数量，i表示第i种销售渠道，而R_i则表示第i种销售渠道销售的产品数量占企业总销售数量的比重。通过计算所有渠道销售数量占比的平方和能够得到该企业的销售渠道多元化程度，显然计算出来的结果越小企业销售渠道多元化程度越高，而销售渠道单一的企业销售渠道多元化指标为1；粮源基地和集体品牌都为二元指标，分别表示企业是否拥有粮源基地和是否使用集体品牌；考虑到大部分样本企业的股东数不超过3人，因此股权结构使用了大股东股份占比来衡量；企业规模用企业固定资产净值的自然对数衡量；企业盈利能力则用资产报酬率来衡量，即息税前利润/平均资产总额×100%。

在进行回归分析之前，先对上述模型中的所有变量进行相关性检验，发现大部分变量之间的相关系数不超过0.25。其中，代表企业创新水平的两个变量与企业销售渠道指数显著负相关，与原粮基地和集体品牌显著正相关。此外，对模型中的解释变量及控制变量做多重共线性检验，发现VIF值最大为3.54，均值为1.59，远小于10，说明不需要担心多重共线性问题，所有变量均可以放入模型中。

（三）实证结果分析

由于式（1）和式（2）中衡量企业创新的指标分别为0~1变量和创新次数，本文分别选择Probit模型和计数模型中的负二项回归对式（1）和式（2）进行检验，结果见表1中的第一列和第三列，第二列和第四列分别为使用OLS模型进行回归以检验结果的稳定性。为了准确衡量各因素对企业创新的影响，在表1的第一列汇报的是使用Probit模型并转换为边际效应的结果。在对式（2）进行检验时，首先考虑的是使用泊松回归，但是发现样本方差（2.09）大约为样本均值（1.12）的2倍，不符合泊松回归的前提；使用负二项回归后发现α的95%置信区间为（0.18，1.05），故可在5%的显著性水平上拒绝过度分散参数"$\alpha=0$"的原假设，使用负二项回归是合适的。

表1 回归结果

变量	I	II	III	IV
粮源基地	0.260***	0.257***	0.851***	0.929***
	(0.056)	(0.066)	(0.186)	(0.202)
集体品牌	0.127*	0.137*	0.478***	0.437**
	(0.066)	(0.073)	(0.173)	(0.192)
销售渠道	-0.990***	-0.926***	-2.286***	-1.957***
	(0.157)	(0.147)	(0.535)	(0.422)
大股东年龄	0.013*	0.013	-0.001	-0.000
	(0.008)	(0.008)	(0.022)	(0.027)
大股东受教育程度	0.087*	0.090	0.318**	0.309
	(0.052)	(0.058)	(0.159)	(0.192)
大股东从业经验	-0.009	-0.008	0.013	-0.001
	(0.009)	(0.009)	(0.025)	(0.028)
企业规模	0.284**	0.279*	0.964***	1.094**
	(0.136)	(0.142)	(0.348)	(0.504)

续表

变量	I	II	III	IV
企业年龄	0.038***	0.034***	0.131***	0.136***
	(0.012)	(0.013)	(0.036)	(0.038)
业务多元化指数	-0.074	-0.092	-0.026	-0.016
	(0.138)	(0.145)	(0.378)	(0.395)
企业盈利能力	1.822	1.700	2.225	1.721
	(1.279)	(1.369)	(4.237)	(4.256)
股权结构	-0.006**	-0.005**	-0.041***	-0.025***
	(0.003)	(0.002)	(0.016)	(0.007)
职工年龄	-0.021	-0.019	-0.026	-0.029
	(0.014)	(0.015)	(0.042)	(0.041)
行业	-0.025	-0.003	-0.355	-0.234
	(0.079)	(0.085)	(0.225)	(0.252)
截距		-1.085	-5.958**	-5.525
		(1.168)	(3.034)	(3.545)
P	0.0000	0.0000	0.0000	0.0000

注：***、**、*分别表示在1%、5%和10%的水平上通过显著性检验，系数下方的括号内为相应的标准差。

整体来看，模型的估计结果是具有稳健性的。粮源基地、集体品牌以及销售渠道等核心解释变量对企业创新活动及创新活动水平的影响都是十分显著的。在控制变量中，大股东受教育程度、企业规模、企业年龄、股权结构对企业创新活动及创新活动水平有着显著的影响，大股东年龄对企业创新活动的影响也较为显著。

（1）粮源基地对企业创新活动及创新活动水平有着显著的正向影响，与预想的结果是一致的。我国粮食"十六连丰"使市场上原粮供给充裕，储备充足，粮油加工企业获得原料较为容易，往往在农民或粮食经纪人手中能够轻易地购得所需的原粮，即使出现订单增加引起原粮不足也可以从大企业或政府储备等渠道获得补充，因此部分企业并不是十分重视原粮渠道的稳定性。调查中发现建立粮源基地的企业与农户（主要为大户或农场）签订的合同往往是长期合同，且对原粮品质有一定的要求。事实上，有着长远眼光的企业是更有进行创新活动的倾向的，而产品品质的保障恰恰是其进行创新活动的坚实后盾。

（2）集体品牌对企业创新活动及创新活动水平同样有着显著的正向影响，且对企业创新活动水平的影响更加显著。由于企业创新活动使用的是0~1变量，只是衡量了企业近5年是否进行了创新活动，对企业创新活动水平高低的衡量精度显然要低于使用近5年企业创新活动尝试次数来代表的企业创新活动水平这一指标，所以集体品牌这一变量在第三列的结果显著性高于在第一列的结果是符合逻辑的。一般情况下，有资格使用集体品牌的企业需要加入地方行业协会，且满足一定的条件和缴纳一定的费用，此外可能还需要参加一些协会举办的活动，如产品展览、品牌推荐活动等。这些都使企业的运营成本会有一定幅度的提高，再加之对产品质量有较高的要求，这些都使企业有更强的创新动力和压力。

（3）销售渠道对企业创新活动及创新活动水平有着显著的负向影响。对于中小型粮油加工企业而言，品牌管理是相对滞后的，调研中发现很多企业拥有多个品牌，但并没有优势的主打品牌，原因主要在于粮油产品市场上除了一些知名品牌以外的普通品牌并不具有市场认可度，消费者对品牌缺乏忠诚度，其购买选择标准往往是价格。对企业而言，拓宽销售渠道是比品牌建设更有成效的举措，通过电商平台或自建销售网站成为近些年企业拓宽销售渠道的首选，并且平台对中小企业创新的促进作用已经得到很好的验证（叶秀敏，2018）。拥有更多销售渠道的企业相对更加锐意进取，对新事物的接受能力更强，也更能适应消费者需求的变化，更能承受企业创新带来的压力和风险。

（4）企业一些自身特征以及大股东人口统计特征也对企业创新活动及创新活动水平有着一定的影响。在大股东人口统计特征方面，大股东受教育程度对企业创新活动和创新活动水平均有显著的影响，大股东年龄以及从业经验对企业创新活动和企业创新活动水平的影响并不一致，原因可能在于两个被解释变量衡量精度有差异以及大股东年龄和从业经验对企业创新活动既有推动作用又有反向的抑制作用。企业大股东股份占比越低，企业创新活动水平越高，主要是因为股东数量的增加丰富了企业决策层的知识水平，且拥有更多的社会资源。在企业自身特征方面，企业规模和企业年龄越大，企业创新活动及创新活动水平越高，与前人的研究结果是一致的。企业职工平均年龄、盈利能力以及业务多元化指数对企业创新活动没有显著的影响，但是影响方向与预期是一致的。此外，行业对企业创新活动不存在显著的影响，这意味着大米加工业和面粉加工业情况是比较类似的。

五、结论与建议

本文利用苏豫两省156家大米加工企业和62家面粉加工企业的微观调查数据分析了中小型粮油加工企业创新的主要动力源泉。研究结果表明中小型粮油加工企业在原粮收购以及产品销售中的表现对企业创新活动水平有着至关重要的影响。其中，销售渠道的丰富程度对企业创新活动水平的影响最为显著，销售渠道越丰富的企业创新活动水平越高，而拥有粮源基地或有资格使用集体品牌的企业也有着更强的创新活动倾向。

根据上述的研究结论，本文提出如下政策建议：一是粮油加工企业需大力拓展销售渠道，注重对本地小型超市尤其是连锁超市的供货，利用各大电商平台开展网络营销，有条件的企业可以自建或多企业联合搭建自有销售网站。此外，企事业单位、高校食堂以及连锁餐饮企业等消费大户也应该成为企业拓展销售渠道的努力方向。二是粮油加工企业需注重对粮源基地的建立与维护，企业需立足长远目标与粮食生产者签订供粮协议，维护好供应商关系。三是粮油加工企业需注重集体品牌的建设与维护，有资格使用集体品牌的企业需保障产品质量，积极参与集体品牌的推广，暂时没有集体品牌的地区企业应联合起来选择合适的品种努力建设集体品牌[①]，实际上企业亦可以通过获得更多的产品认证来获得类似于集体品牌一样的集体声誉来提高企业的竞争力，从而推动企业创新活动的开展。四是粮油加工企业应该注重研发以外的一些创新活动，如对工艺、营销甚至组织的创新，因为

---

① 以大米为例，除了目前已经拥有的射阳大米、兴化大米、淮安大米等，江苏目前多地区正努力创建集体品牌，如扬州市宝应县正努力通过"宝粮1号"创建宝应大米这一集体品牌。

这对于低创新水平企业而言可能更加重要（Jensen 等，2007；Heidenreich，2009）。此外，由于粮油加工行业属于相对弱势的行业，行业整体创新水平低下，政府应加大对其的扶持力度，通过指定工艺、指定项目或指定品种等方式进行"精准创新补贴"。

参考文献

[1] Crossan M M, Apaydin M. A Multi-Dimensional Framework of Organizational Innovation: A Systematic Review of the Literature [J]. Journal of Management Studies, 2010, 47 (6): 1154-1191.

[2] 王瑛. LMT 产业技术创新规律及政策启示 [J]. 科学管理研究, 2012, 30 (5): 65-68.

[3] 王丽芳, 黄晓玲, 付明. 中低技术产业企业创新策略选择博弈 [J]. 企业经济, 2018 (3): 37-41.

[4] Huang C H, Yang C H. Persistence of Innovation in Taiwan's Manufacturing Firms [J]. Taiwan Economic Review, 2010, 38 (2): 199-231.

[5] 庞瑞芝, 薛宁, 丁明磊. 中国创新型试点企业创新效率及其影响因素研究——基于2006~2010年创新型试点企业非平衡面板数据的实证考察 [J]. 产业经济研究, 2012 (5): 1-10.

[6] 段海艳. 企业持续创新影响因素研究 [J]. 科技进步与对策, 2017, 34 (15): 87-93.

[7] Cumming D, Rui O, Wu Y P. Political Instability, Access to Private Debt, and Innovation Investment in China [J]. Emerging Markets Review, 2016, 29 (12): 68-81.

[8] 杜楠, 王大本, 孟华兴. 科技型中小企业创新驱动因素研究——基于WSR-AHP分析法 [J]. 经济与管理, 2017, 31 (5): 73-78.

[9] 沈颂东, 房建奇. 民营企业家社会资本与技术创新绩效的关系研究——基于组织学习的中介作用和环境不确定性的调节作用 [J]. 吉林大学社会科学学报, 2018 (2): 60-72.

[10] 董静, 徐婉渔, 张瑜. 我国农村创业企业绩效的调查研究——人情关系与"规范化"经验的影响与互动 [J]. 财经研究, 2018 (1): 20-32.

[11] Holmstrom B. Agency Costs and Innovation [J]. Journal of Economic Behavior and Organization, 1989, 12 (3): 305-327.

[12] 王健忠. "能说就要说"还是"能不说就不说"——自愿性信息披露与企业创新 [J]. 北京社会科学, 2018 (1): 40-56.

[13] Kaplinsky R, Readman J. Globalization and Upgrading: What Can (and Cannot) Be Learnt from International Trade Statistics in the Wood Furniture Sector? [J]. Industrial and Corporate Change, 2005, 14 (14): 679-703.

[14] Hausman J A, Hall B H, Griliches Z. Econometric Model for Count Data with an Application to The Patents R&D Relationship [J]. Econometrica, 1984, 52 (7): 909-938.

[15] Liu Q, Qiu L D. Intermediate Input Imports and Innovations: Evidence from Chinese Firms' Patent Filings [J]. Journal of International Economics, 2016, 103 (11): 166-183.

[16] 余明桂, 钟慧洁, 范蕊. 业绩考核制度可以促进央企创新吗? [J]. 经济研究, 2016 (12): 104-117.

[17] 耿晔强, 郑超群. 中间品贸易自由化、进口多样性与企业创新 [J]. 产业经济研究, 2018 (2): 39-52.

[18] Antonelli C, Crespi F, Scellato G. Inside Innovation Persistence: New Evidence from Italian Micro-Data [J]. Structural Change and Economic Dynamics, 2012, 23 (4): 341-353.

[19] Peters B. Persistence of Innovation: Stylised Facts and Panel Data Evidence [J]. Journal of

Technology Transfer, 2009, 34 (2): 226-243.

[20] 张可, 左媛. 江苏省中低技术企业创新驱动因素研究 [J]. 统计与信息论坛, 2018 (3): 122-128.

[21] 叶秀敏. 平台经济促进中小企业创新的作用和机理研究 [J]. 科学管理研究, 2018, 36 (2): 62-66.

[22] Jensen M B, Johnson B, Lorenz E, Lundvall B A. Forms of Knowledge and Modes of Innovation [J]. Research Policy, 2007, 36 (5): 680-693.

[23] Heidenreich M. Innovation Patterns and Location of European Low- and Medium-Technology Industries [J]. Research Policy, 2009, 38 (3): 483-494.

Channel Control, Collective Brand Construction and Innovation Power of Small Grain Processing Enterprises

Wang Jinqiu[1,2]   Hu Di[1,2]

(1. *Center for Food Security and Strategic Studies, Nanjing University of Finance and Economics, Nanjing, 210003 China*; 2. *Collaborative Innovation Center of Modern Grain Circulation and Safety Nanjing University of Finance and Economics, Nanjing, 210003 China*)

Abstract: The innovation level of grain and oil processing industry is relatively low, and the average innovation input intensity is only 0.34%. Using the micro survey data of 218 small and medium-sized grain and oil processing companies in Jiangsu and Henan Provinces, This paper analyzed the main driving force for corporate innovation. The research results show that, the abundance of sales channel has the most significant impact on the level of corporate innovation activities. The more abundant the sales channels are, the higher level of corporate innovation activities is, and the enterprises that own a grain source base or are qualified to use the collective brand also have stronger tendency of innovation activities. Based on this, enterprises should vigorously expand sales channels and pay attention to the construction and maintenance of grain source bases and collective brands.

Key Words: Channel Control; Collective Brand; Small and Medium-sized Enterprises; Grain and Oil Processing Industry; Innovation

劳动力价格扭曲程度及其影响因素分析
——以小麦生产为例

陈 佩 汪紫钰 陶素敏

(南京财经大学,粮食安全与战略研究中心,南京,210003)

摘 要:劳动力流动受阻造成劳动力价格扭曲,进而导致农业生产要素的配置低效。本文以2004~2017年中国15个小麦主产省份的数据为例,基于超越对数生产函数,采用固定效应模型估算出各省份每年的劳动力价格扭曲程度。研究发现我国小麦生产中劳动价格存在扭曲且呈现正向扭曲,平均扭曲程度为0.228。不同地区劳动力价格扭曲程度不同,其中黑龙江地区劳动力价格扭曲最小,为0.936,云南地区扭曲最大,为0.061。进一步探究劳动力价格扭曲的影响因素,结果表明农村剩余劳动力水平、城镇居民工资对劳动力价格扭曲有显著的负向影响,而农村居民人均收入、政府农业政策补贴、第一产业占比以及小麦播种面积对劳动力价格扭曲表现出显著的正向影响。基于研究结论给出相应的政策建议。

关键词:劳动价格扭曲;超越对数生产函数;固定效应;影响因素

一、引言

改革开放40年来,中国经济高速增长的背后也存在诸多问题,其中经济结构非均衡现象依然存在。根据国家统计局2018年数据显示,第一、第二、第三产业产值分别为64734亿元、366001亿元、469575亿元,农业和服务业比例严重失调。此外,农业部门的就业结构失衡,即劳动力错误配置尤为严重(袁志刚和解栋栋,2011)。近年来,我国农村第一产业就业人数不断减少,由1978年的35177万人下降到2018年的20258万人,降幅约42.4%。2018年全国农民工总量28836万人,比上年增长0.6%。其中,外出农民工17266万人,增长0.5%。2019年农民工数量29077万人,比上年增加241万人,占农村总就业人口的80.4%,农业劳动力大规模向非农部门转移。

要素价格反映了要素的稀缺程度。Hayami和Ruttan(1985)的诱致性技术变迁理论认为,要素的稀缺程度可以体现在价格上,而微观生产主体会通过价格信号,借助市场机制实现廉价的相对丰裕要素对昂贵的稀缺要素的替代。中国农村劳动力价格不断上涨,以小麦为例,2004年小麦生产中的每亩劳动日工价为13.7元,2017年为83.1元。在完全竞争市场上要素价格由市场供求关系决定,从而实现要素的有效配置。而我国的劳动价格除了受市场供求影响之外,还受到一定程度的政府干预作用。劳动力非自由流动导致生产要素市场的市场化进程滞后于产品市场的市场化进程,造成劳动边际产出对实际价格的偏

---

① 收稿日期:2019-10-15
基金项目:国家自然科学基金面上项目(71773044)。

离,从而扭曲了价格信号(林毅夫,2004)。在劳动力市场,虽然当前已经取消户籍制度,但从现实来看农村劳动力流动仍有诸多约束(如福利水平、社会保障制度等),这些约束制约了中国农业劳动力的进一步转移(李佳睿,2018)。城乡二元结构、劳动力流动受阻导致各地区劳动力市场发展不平衡,要素资源配置不协调,扭曲劳动力市场。

以往的研究多集中于测算劳动、资本、能源等要素扭曲的存在性以及扭曲产生的各种影响,但是少有研究分析劳动力扭曲的内在影响因素。探究其本质原因,对完善中国劳动力市场,解决劳动力价格扭曲问题至关重要。小麦作为中国的主粮作物,在农业生产中占有举足轻重的地位(孙昊,2014)。我国是世界上最大的小麦生产国和消费国,小麦生产量和消费量约占世界小麦生产量的17%和消费量的16%。所以本文以15个小麦主产省份2004~2017年数据为例,基于超越对数生产函数,采用固定效应模型测算出劳动力市场的扭曲程度,比较扭曲的时间以及地区差异,在此基础之上,分析影响劳动力价格扭曲的因素,从而提出针对性的建议。

二、文献综述

(一)要素价格扭曲的相关研究

在竞争性市场中,要素相对价格取决于要素的禀赋,而政府为支撑不具备自生能力的企业和部门,弥补其与具有比较优势产业的差异,从而采取了一系列干预措施。中国"赶超型发展战略",导致要素市场化进程滞后于产品的市场化水平,价格信号扭曲(林毅夫,2004)。要素价格扭曲可以分为价格绝对扭曲和价格相对扭曲。要素价格绝对扭曲是指单个生产要素的实际价格与其边际产出或机会成本之间的偏离;相对扭曲是指一种要素相对于另一种要素的相对扭曲程度,即两个或两个以上的生产要素绝对扭曲程度的比较,可以衡量不同要素的相对价格效率(王宁,2015)。

价格扭曲会导致技术扭曲与配置扭曲两个方面。对于配置效率,蒲艳萍(2014)利用1998~2012年31个省级单位的面板数据,测算了农业资本配置效率,发现我国农业资本配置无效。一些研究还通过价格传导机制分析了要素扭曲对配置效率的影响。陈永伟等(2011)将关于要素扭曲造成的要素错配的讨论引入到增长核算当中,发现实际产出与潜在产出存在15%的缺口,消除扭曲,优化产业结构是提升制造业效率的重要途径。袁鹏(2014)采用影子成本模型,从要素、时间和地区三个维度考察了中国市场的要素扭曲,发现改善要素扭曲能够提高配置效率,进而提升地区经济效率。Ouyang等(2015)也采用了影子成本模型来分析我国能源要素的配置扭曲问题,2001~2009年能源配置效率低下导致的全行业节能潜力约为9.71%。由于指标选取不同、方法不同、函数形式等不同,从而导致测算结果迥异。

(二)劳动力价格扭曲的相关研究

部分研究也测算出了中国的劳动力市场存在扭曲。如朱喜等(2011)运用2003~2007年全国农村固定观察点数据测算出了劳动力配置扭曲大小,发现劳动力市场存在正向扭曲,且不同地区的扭曲程度各异,中部地区扭曲程度最大。同样,盖庆恩(2015)等基于1998~2007年中国工业企业数据库,采用C-D生产函数测算出资本和劳动力市场的扭曲程度，发现劳动力市场存在正向扭曲，若消除市场扭曲，样本期间制造业的TFP可以提高57.79%。李佳睿（2018）利用反事实分析显示，我国要素市场扭曲的技术效率损失缺口为0.031，且劳动力要素市场扭曲是抑制我国农业生产技术效率提升的重要因素。但是以往研究多侧重于分析劳动力扭曲的存在性，并未解释扭曲存在的真正原因。

我国第一产业就业人数占比过大，城乡二元结构以及土地制度的约束等制约了我国农业人口向城市转移，导致资源配置无效。资源配置无效又影响劳动力转移，如此形成一个恶性循环（袁志刚等，2011）。认为在一个完全竞争的经济中，同质性的生产要素应有相同的边际收益，否则就会出现要素流动，进而消除这种收益的差异，最终达到市场均衡。劳动力流动可以理解为劳动力由低效率部门转向高效率部门的再配置效应（呼倩等，2019）。如果要素市场受到扭曲，要素的自由流动就会受到限制，那么要素不能在效率最高点进行配置。在此情况下，该经济将无法实现帕累托最优配置（要素配置扭曲），并造成相应的社会效率损失（Gollin，2002）。孙文凯（2011）利用双差法分析影响劳动力流动的因素，认为影响劳动力流动的主要有以下几种因素：城乡收入差距、农村人口劳动力年龄结构、社会网络等。

三、模型、变量以及数据来源

（一）劳动力价格扭曲程度测量

一般研究生产问题，生产函数的形式主要有两种，分别为柯布—道格拉斯（C-D）函数和超越对数函数。柯布—道格拉斯生产函数的形式较为简洁，但是存在一个缺陷，它假设了生产函数替代弹性固定为1，即要素之间是完全替代或完全互补的，而超越生产函数没有这个假设，所以本文采用要素替代弹性可变的超越生产函数。以2004~2017年15个小麦主产省份为例，具体函数形式如下：

$$\begin{aligned}\ln y_{it} &= \alpha_0 + \alpha_1 \ln l_{it} + \alpha_2 \ln f_{it} + \alpha_3 \ln k_{it} + \alpha_4 \ln m_{it} + \alpha_5 \ln s_{it} + \alpha_6 \ln f_{it} m_{it} \\ &+ \alpha_7 \ln f_{it} k_{it} + \alpha_8 \ln f_{it} l_{it} + \alpha_9 \ln f_{it} s_{it} + \alpha_{10} \ln m_{it} l_{it} + \alpha_{11} \ln m_{it} k_{it} \\ &+ \alpha_{12} \ln m_{it} s_{it} + \alpha_{13} \ln l_{it} k_{it} + \alpha_{14} \ln l_{it} s_{it} + \alpha_{15} \ln k_{it} s_{it} + \alpha_{16} \ln f_{it}^2 + \alpha_{17} \ln l_{it}^2 \\ &+ \alpha_{18} \ln k_{it}^2 + \alpha_{19} \ln m_{it}^2 + \alpha_{20} \ln s_{it}^2 + \alpha_{21} t \ln f_{it} + \alpha_{22} t \ln l_{it} + \alpha_{23} t \ln m_{it} \\ &+ \alpha_{24} t \ln k_{it} + \alpha_{25} t \ln s_{it} + \alpha_{26} t + \alpha_{27} t^2 + v_{it} \end{aligned} \quad (1)$$

本文计算劳动价格扭曲采取的是生产函数法，即遵循边际法则，用劳动的边际产值与其价格相比，从而得出劳动要素价格扭曲大小。根据上述公式计算出劳动的边际产品价格MRP，劳动价格扭曲如下所示：

$$ssl = \frac{MRP_{it}}{P_L} \quad (2)$$

将ssl大小与1对比，若ssl=1，说明劳动力要素不存在价格扭曲，若ssl<1，实际劳动边际产值小于其价格，说明劳动边际产品价值较低，劳动力价格过高，则存在正向扭曲；若ssl>1，说明实际劳动边际产值大于其价格，存在负向扭曲。

（二）影响因素分析

对于影响因素的分析，本文以劳动价格扭曲程度为因变量，选取农村居民人均收入、城市人均工资、老龄化率、剩余劳动力水平、政府农业补贴、第一产业占比、小麦播种面积等为解释变量进行检验。相关研究表明农民实际人均收入是农村劳动力价格扭曲的首要影响因素。蔡昉等（2001）认为，劳动力转移使得城镇劳动力增多，影响城镇劳动力价格，一价定律下农村劳动力工资也会改变，趋向城镇居民工资，随着转移加快两者差距会减小。所以，城镇居民工资是农村劳动力价格扭曲的次要影响因素（张玉琳，2016）。本文在选取劳动力价格扭曲影响因素时，以农村居民人均收入水平和城镇居民人均工资来反映城乡收入差距；同时以政府农业补贴水平衡量政府对农业的重视程度；以老龄化率来衡量农村人口年龄结构；用小麦播种面积和第一产业占比来衡量一个地区农业的重要性。此外，最重要的一个解释变量是剩余劳动力水平，蔡昉（2018）认为，中国农村劳动力转移潜力并未耗尽，农村劳动力尚且存在剩余。但是有学者认为，中国存在着"民工荒"（姚上海，2005）。也有学者研究发现中国"民工荒"与"剩余劳动力"并存，并且在未来一段时间仍然持续（约翰·奈特等，2011）。所以本文构造剩余劳动力这个变量，一方面来估计中国农村劳动力是否存在剩余，另一方面，探究剩余劳动力对劳动力价格扭曲的影响。具体影响因素测量模型如下所示：

$$ssl = \alpha_0 + \alpha_1 income + \alpha_2 machine + \alpha_3 wage + \alpha_4 old + \alpha_5 labor + \alpha_6 government + \alpha_7 ratio + \alpha_7 S + v_{it} \tag{3}$$

式中，ssl 是由式（2）计算出的劳动价格扭曲程度。

式（1）和式（3）中涉及的变量具体含义如下：

（1）生产投入：小麦生产中的投入产出数据均来自 2005~2018 年《全国农产品成本收益汇编》，y 表示小麦亩均产量，l 表示亩均用工，f 表示亩均化肥施用量，m 表示亩均机械费，并以 2004 年农产品生产资料价格指数进行平减，s 表示亩均土地成本，因为各个地区土地价格有差异，且土地要素和劳动力关系密切，所以本文加入了亩均土地成本，同样进行平减。

（2）农村居民人均收入：数据来源《中国农村统计年鉴》，并用农村居民消费物价指数指数折算。

（3）城市人均工资：数据来源《中国统计年鉴》，并用城镇居民消费物价指数折算。

（4）老龄化率：数据来源《中国人口和就业统计年鉴》，用老年扶养比表示。老年扶养比是从经济角度反映人口老龄化的指标之一，表示每一百名劳动年龄人口要负担多少名老年人。

（5）剩余劳动力水平：参照胡祎（2018），计算公式如下：

$$剩余劳动力 = \frac{农村第一产业从业人数 - 农村最优劳动力数量}{耕地面积}$$

其中，农村最优劳动力是根据徐文舸（2015）测算出的最优劳动力水平推算出其他年份的最优劳动力数量，进而测算出各地区的剩余劳动力水平，并分析其对劳动价格扭曲是否有影响。

（6）政府农业补贴水平：数据来源《中国统计年鉴》，用以表示政府对农业的支持力度大小，具体公式为：

$$农业补贴水平 = \frac{地方农林水务支出}{一般预算支出}$$

(7) 产值结构：数据来源《中国统计年鉴》，以各个省份第一产业产值占当年三大产业产值之和的比例来衡量不同地区农业的重要性。

$$产值结构 = \frac{第一产业产值}{三大产业产值之和}$$

表1 变量描述性统计

变量	变量含义	单位	平均值	最小值	最大值
y	亩均产量	千克	342.86	100.90	494.28
l	亩均劳动力	工/日	6.01	0.26	14.18
f	亩均化肥用量	千克	22.70	10.09	37.42
m	亩均机械费	元	55.94	4.97	108.42
s	亩均土地成本	元	79.97	13.26	188.06
k	亩均资本费用	元	64.34	26.22	139.20
income	农村人均年收入	元	5187.64	1853.22	13422.85
wage	城市人均年工资	元	29291.36	11855.00	56324.94
old	老龄化率	—	13.62	7.05	25.56
labor	剩余劳动力水平	—	1.61	-0.27	4.51
S	小麦播种面积	千公顷	1524.21	71.10	5714.60
government	政府农业补贴水平	元	0.11	0	0.19
ratio	产值结构	—	0.12	0.04	0.21

表1显示的是各变量的描述性统计结果，从小麦生产投入可以看出，各地区小麦生产中劳动力投入差异较大，最小值为0.26工/日，最大值为14.18工/日，相差近88.63倍。由于各地区生产结构、经济水平以及生活习俗存在差异，导致各地区劳动力总量相差较大。剩余劳动力水平平均值为1.61，大于1，说明劳动力普遍存在剩余。农民平均人均年收入为5187.64元，城市人均年工资为29291.36万元，城市工资约为农村人均工资的5.64倍。这也解释了为何在当前环境下，为何在城乡二元结构下，农村居民还是选择流动到归属感不强的大城市。

四、结果分析

（一）超越对数生产函数结果

经过豪斯曼检验，卡方值为81.82，在1%水平上拒绝使用随机效应模型，因此本文使用时变弹性固定效应模型进行估计。估计结果如表2所示：

表 2 超越对数函数估计结果

	系数	估计值	标准差	t统计量
$\ln l$	α_1	0.113	0.664	0.17
$\ln f$	α_2	3.645***	1.326	2.75
$\ln k$	α_3	0.773	0.883	0.88
$\ln m$	α_4	1.057**	0.592	1.79
$\ln s$	α_5	0.378	0.615	0.62
$\ln fm$	α_6	-0.612***	0.250	-2.45
$\ln fk$	α_7	-0.659*	0.347	-1.90
$\ln fl$	α_8	-0.265	0.2031	-1.30
$\ln fs$	α_9	-0.067	0.248	-0.27
$\ln ml$	α_{10}	-0.098	0.132	-0.75
$\ln mk$	α_{11}	0.275*	0.162	1.70
$\ln ms$	α_{12}	-0.117	0.111	-1.05
$\ln lk$	α_{13}	0.104	0.112	0.93
$\ln ls$	α_{14}	0.133	0.091	1.46
$\ln ks$	α_{15}	0.039	0.135	0.29
$\ln f^2$	α_{16}	0.375*	0.338	1.11
$\ln l^2$	α_{17}	0.065	0.041	1.57
$\ln k^2$	α_{18}	-0.019	0.154	-0.13
$\ln m^2$	α_{19}	0.056	0.062	0.89
$\ln s^2$	α_{20}	-0.028	0.057	-0.49
$t\ln f$	α_{21}	0.019*	0.021	0.89
$t\ln l$	α_{22}	-0.007	0.010	-0.69
$t\ln m$	α_{23}	0.015	0.012	1.29
$t\ln k$	α_{24}	0.002	0.014	0.18
$t\ln s$	α_{25}	0.016	0.012	1.37
t	α_{26}	-0.149**	0.068	-2.18
t^2	α_{27}	-0.002**	0.001	-2.45
常数项	α_0	-4.578	2.921	-1.57
sigma_u	—	0.135	—	—
sigma_e	—	0.085	—	—
ρ	—	0.716	—	—

注：*、**、***分别表示在10%、5%、1%置信水平上显著。

在固定效应模型估计的超越对数生产函数结果中，lnf 以及交叉项 lnfm 在 1% 的水平上显著，lnm 在 5% 的水平上显著，lnfk、平方项 lnf²、t 和 lnf 的时间趋势项 tlnf 在 1% 的水平上显著，说明选用超越对数是合理的。要素交叉项的系数为负，说明这两种要素之间存在替代关系，可以看出其中化肥和机械对劳动力有替代作用，这也不难理解为何当前农业提倡机械作业，如近年来流行的农机服务。同时也能够在一定程度上解释我国农业生产中化肥过量施用的原因。ρ值为 0.716，表明复合扰动项的方差主要来自个体效应的变动。进一步根据超越对数生产函数计算出各种要素的产出弹性的大小。

劳动产出弹性 le_{it}：

$$le_{it} = \alpha_1 + \alpha_8 \ln f_{it} + \alpha_{10} \ln m_{it} + \alpha_{13} \ln k_{it} + \alpha_{14} \ln s\alpha_{it} + 2\alpha_{17} \ln l_{it} + \alpha_{22} t \tag{4}$$

化肥产出弹性 fe_{it}：

$$fe_{it} = \alpha_2 + \alpha_6 \ln m_{it} + \alpha_7 \ln k_{it} + \alpha_8 \ln l_{it} + \alpha_9 \ln s_{it} + 2\alpha_{16} \ln f_{it} + \alpha_{21} t \tag{5}$$

资本产出弹性 ke_{it}：

$$ke_{it} = \alpha_3 + \alpha_7 \ln f_{it} + \alpha_{11} \ln m_{it} + \alpha_{13} \ln l_{it} + \alpha_{15} \ln s_{it} + 2\alpha_{17} \ln l_{it} + \alpha_{24} t \tag{6}$$

机械产出弹性 me_{it}：

$$me_{it} = \alpha_4 + \alpha_6 \ln f_{it} + \alpha_{10} \ln l_{it} + \alpha_{11} \ln k_{it} + \alpha_{12} \ln s_{it} + 2\alpha_{19} \ln m_{it} + \alpha_{23} t \tag{7}$$

土地面积产出弹性 se_{it}：

$$se_{it} = \alpha_5 + \alpha_9 \ln f_{it} + \alpha_{12} \ln m_{it} + \alpha_{14} \ln l_{it} + \alpha_{15} \ln k_{it} + 2\alpha_{20} \ln s_{it} + \alpha_{25} t \tag{8}$$

根据上述计算公式，分别计算出 2004~2017 年化肥、劳动、机械、资本以及土地面积要素的产出弹性大小，如图 1 所示。其中，劳动产出弹性和化肥产出弹性在这 14 年间总体上呈现下降的趋势，机械产出弹性总体呈现上升的趋势。根据边际报酬递减规律，说明在农业生产中，增加化肥和劳动投入会使得边际产量下降，化肥和劳动存在投入过量现象。根据 FAO 数据，2016 年化肥使用量前十的国家之中，中国的化肥使用强度为 444.06 kg/ha，使用强度第二的国家是德国，化肥使用强度为 193.93 kg/ha，中国化肥施用强度约是德国的 2.29 倍，是加拿大（79.22 kg/ha）的 48.16 倍，远远高于国际化肥警戒线（225 kg/ha），中国化肥施用量存在显著的过量施用问题。此外，对于劳动力问题，蔡昉（2018）通过国际的对比，发现农业规模限制农业生产率提高，中国的"库兹涅茨过程"尚未完成，农村劳动力尚且存在剩余。土地产出弹性为负，说明单纯扩大土地规模并不能使小麦单位面积产量增加，这是因为尽管土地规模过大，但是配套设施并未跟进，导致管理水平与土地规模不匹配，要素的配置效率并未提升。由于效率水平与经营规模不匹配导致平均生产成本随着规模变大下降的幅度逐渐不显著（张晓恒，2019）。同时测算出各种要素的贡献值，2014 年之前，化肥的产出贡献值最大。但是 2014 年之后，化肥的产出贡献逐渐下降，而机械产出贡献逐渐占据主导地位。以 2017 年为例，机械产出贡献为 56.24%，占产出贡献的一半以上。机械作业能增加生产率，又不似化肥农药对环境产生负面影响。同时能够代替劳动力，机械作业解放了劳动力，使农村剩余劳动力外移，增加农民收入，收入增加使农民有更多的资本去购买机械，从而进一步提高产量，如此往复形成一个良性循环，增加农民收入的同时又能够提高整体农业的生产率。

图 2 是 2004~2017 年平均劳动力价格扭曲程度大小。由图 2 可以看出，我国劳动力价格在这 14 年间扭曲均小于 1，说明中国劳动力价格过高，劳动力要素价格是存在正向扭曲的。在当前"二元经济"结构下，农村劳动力并不能自由流入城市。相关研究认为劳动力价格过高是因为当前环境下，农村劳动力稀缺，从而导致劳动价格过高（史常亮，2016）。但是本文测出目前农村劳力是过剩的，劳动力过剩导致单位劳动力的边际产出较

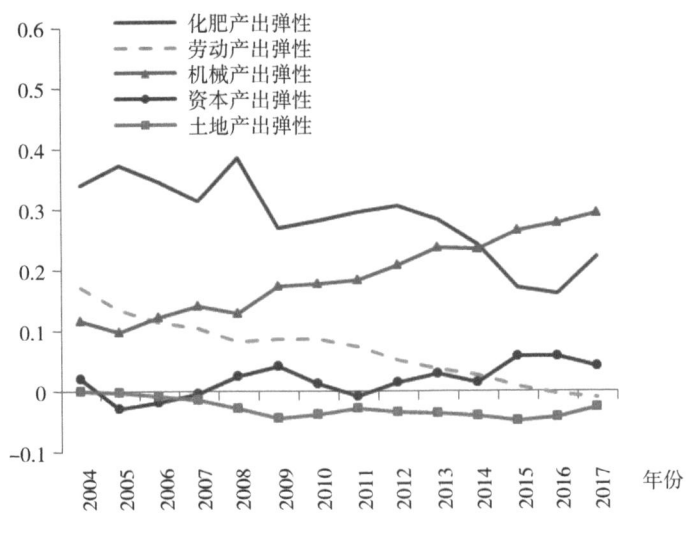

图 1　2004~2017 年各要素产出弹性

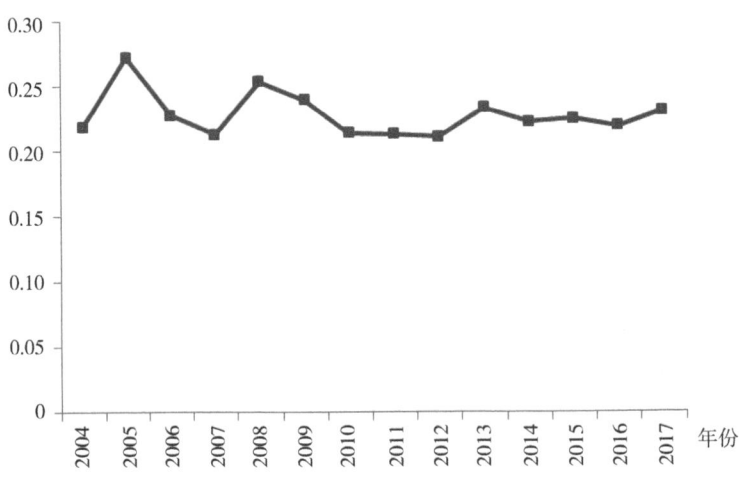

图 2　2004~2017 年劳动力价格扭曲程度

小，农民收入得不到提高，而城镇劳动力价格较高，在一价定律之下，农村劳动力价格逐渐向城镇劳动力价格靠拢，导致农村劳动力间接升高。我国劳动力价格扭曲平均值为 0.228。越接近于 1 扭曲程度越小，说明我国劳动力价格扭曲程度整体较大。由图 2 可知，虽然 2005 年有所改善，但是扭曲大小并未超过 0.3，之后虽有波动，但 2010 年之后基本维持在 0.2 左右，年际变化不大。

地区间劳动力扭曲差异较为明显。由图 3 可以看出，黑龙江地区扭曲程度最小，约为 0.936，其次是河南，为 0.329。黑龙江地区较其他地区的劳动力价格扭曲程度较小是因为黑龙江是我国的农业大省，以 2012 年为例，2012 年黑龙江人均居民家庭经营耕地面积为 13.56 亩，而其他农业大省的人均耕地面积不到 2 亩。根据黑龙江省自然资源厅报告，黑龙江是土地资源大省。全省辖区总面积47.07万平方公里（其中，含加格达奇区、松岭区1.82万平方公里），居全国第6位。截至2016年底，全省农用地4142.29万公顷（62134.4万亩），其中耕地1593万公顷（23895万亩），约占全国1/9，人均耕地6.2亩，居全国第一位。黑龙江当地政府重视发展农业，农业在黑龙江居重要战略地位。因此黑龙江地区从事农业就业的人口数较多，劳动力多以务农为主，迁移意向小，受到的户籍和社会保障制度的制约较小，因此劳动力价格扭曲程度相对较小。相反，云南、甘肃的劳动力价格扭曲程度分别为0.061、0.066，说明云南、甘肃劳动力价格扭曲程度较大，主要原因可以归纳为以下几个方面：其一，经济特点，云南和甘肃是我国经济比较落后的地区，2018年GDP分别为17881.12万亿元、8246.07万亿元。其二，地形特点，云南位于中国西南边陲，以山地、高原为主。而甘肃地形复杂多样，山地、高原、平川、河谷、沙漠、戈壁交错分布。地势自东南向西北倾斜，山地和高原占全省土地总面积的百分之七十以上。这些地形特点导致该地区交通不便且信息封闭落后，劳动力外移比较困难。其三，人文特点，云南为多民族地区，文化差异相对较大，此外经济落后可能导致思想比较保守，迁移意愿小，导致这些地区乡村和城镇的差异较大，城镇和乡村劳动力价格相差较大。

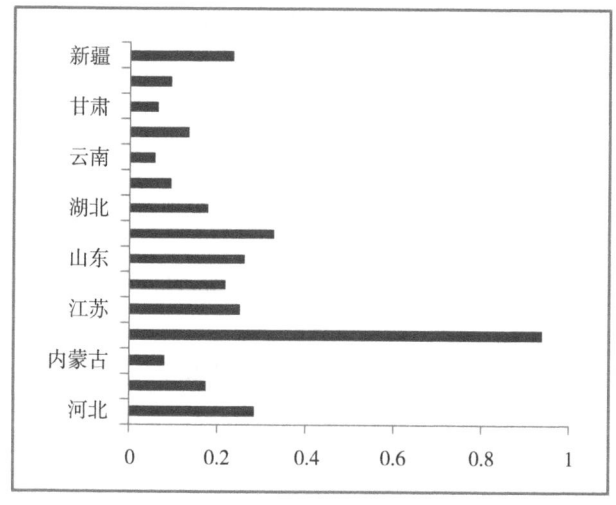

图3 各地区劳动力价格扭曲程度

（二）影响因素结果分析

首先，针对农村劳动力流动情况进行说明。图4是刘易斯拐点说明图，刘易斯拐点是指"二元经济"结构下，农村剩余劳动力向工业部门转移，劳动力由过剩向短缺过渡的转折点。如图4所示，从AD1到AD2阶段劳动力无限供给，而从AD2到AD3，农村劳动力逐渐由剩余向短缺过渡。此时工业部门效率增高，工业部门劳动力工资上涨，农业劳动力被工业部门的高工资吸引，转移到工业部门，农业部门劳动力减少。根据边际报酬递减规律，农业部门生产率也会提高，但是提升速度要小于工业部门。农业生产率和工业生产率皆上涨，劳动力转移会持续到农业部门和工业部门工资水平大体相等时，此时"二元结构"消散，一个"一元经济结构"开始形成，"刘易斯第二个拐点开始到来"。所以在二

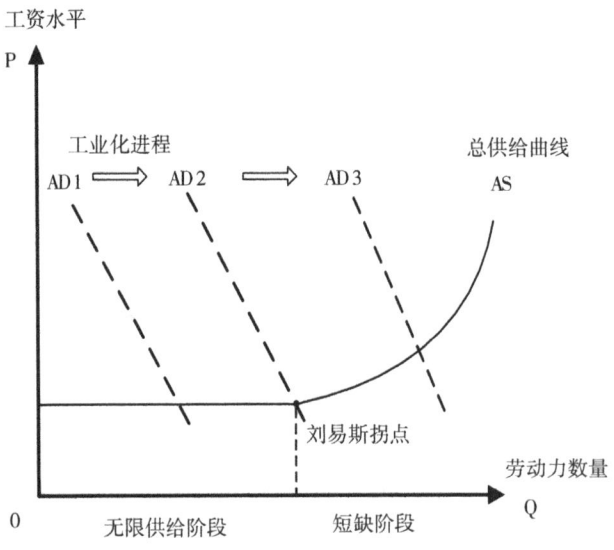

图 4 "刘易斯拐点"示意图

元结构下,只要工业部门劳动力工资高于农业部门的工资,农业部门劳动力便会流向工业部门。农村劳动力外移是优化劳动力配置效率的有效途径,而我国农村劳动力存在剩余说明劳动力未能实现有效配置,劳动力市场存在扭曲。下面本文将进一步探究劳动力价格扭曲的影响因素。

经过豪斯曼检验,卡方值为 57.98,在 5% 的水平上拒绝使用随机效应模型。故本文选取如下变量进行固定效应回归,ρ 值为 0.8417,说明误差主要来自个体效应,进一步说明使用固定效应模型比随机效用模型更合适。具体的影响因素估计结果如表 3 所示:

表 3 影响因素估计结果

变量	系数	标准差	t 值
常数项	-0.317**	0.125	-2.54
income	0.036***	0.091	3.17
wage	-0.064***	0.015	-3.73
old	0.0608	0.052	1.18
labor	-0.062***	0.023	2.67
government	0.755**	0.356	2.09
ratio	1.078***	0.389	2.70
S	0.001***	0.003	2.87
sigma_u	0.192		
sigma_e	0.083	—	—
rho	0.842	—	—

注:*、**、***分别表示在 10%、5%、1% 置信水平上显著。

本文在综合考虑各种因素之后，选取了可能影响劳动力价格扭曲的七个解释变量，分别为农村居民人均收入、城镇居民人均工资、老龄化率、剩余劳动力水平、政府农业补贴水平、第一产业占比以及小麦播种面积。其中常数项在5%的水平上显著，城镇居民人均工资在1%的水平上负向显著，说明城镇居民收入与劳动力价格扭曲负向显著相关，城镇居民收入越高，劳动力价格扭曲程度越大。因为城镇居民收入越高，城乡收入差距越大，农村劳动力进入城镇受到的制约越多，因此城镇居民收入增加会加剧劳动力扭曲。相反，农村居民收入在1%的水平上正向显著，说明随着农村居民收入增加，劳动力价格扭曲会得以缓解。这是因为，农村居民收入增加，在"二元经济"结构农村居民和城镇居民各种福利待遇不对等的情况下，农村劳动力收入增加能够在一定程度上缓解这种不对等情况。农村剩余劳动力在1%的水平上对劳动力价格扭曲有负向影响。农村剩余劳动力越多，劳动力价格扭曲程度越大。在科技迅速发展的背景下，城镇工业部门发展进程加快，农村居民因受到技术约束滞留在生产率较低的农业部门，并没有随着市场规律流向高效率部门，根据边际报酬递减规律，劳动力越多会导致单位劳动力边际产量越低，城乡收入差距进一步扩大，如此形成一个恶性循环，当前农村劳动力还需进一步转移进入城镇。政府农业补贴水平在5%的水平上正向显著，说明政府增加对农业的支持，会显著减小劳动力价格扭曲。当前农业供给侧改革之中政府解决市场失灵的力度不大。未来农业供给侧改革的方向是完善市场价格形成机制，加强市场失灵解决力度、促进农业自身能力提升。最后，第一产业占比、小麦播种面积在1%的水平上对劳动力价格扭曲有正向影响。说明第一产业占比越大、小麦播种面积越大，劳动力扭曲程度越小。因为播种面积越大，农村劳动力会选择从事农业生产，进行规模生产，实现规模效应。农业比重增加，说明农业在三大产业中重要性更加凸显，能够减小城乡差异，打破劳动力转移受限壁垒。

五、结论

本文以2004~2017年15个小麦主产省份为例，研究劳动力价格扭曲问题。研究发现2004~2017年我国小麦生产中劳动力要素价格存在扭曲，且均存在正向扭曲，平均扭曲程度大小为0.228，扭曲程度总体变动不大。但地区间差异比较明显，其中黑龙江地区劳动力价格扭曲最小为0.936，云南地区扭曲最大为0.061。进一步研究影响劳动力价格扭曲的因素，发现劳动力价格扭曲与农村居民工资、政府补贴水平、第一产业占比、小麦播种面积呈现正向显著影响，与剩余劳动力水平、城镇居民平均工资呈现负向显著作用。

根据研究结果，本文给出以下几点建议：①目前农村劳动力尚存在剩余，应保障进程务工农民工福利，健全社会保障体系，争取早日消除城乡劳动力流动壁垒。②政府补贴水平对劳动力扭曲具有正向影响，说明政府可对农村产业给予适当补贴，让农业产业具备自生能力。在农业供给侧改革中要进一步加强政府引导作用，完善市场机制。③农业规模种植有利于缓解劳动力扭曲。应促进土地流转，规范土地流转市场。此外，发展农业并不是仅仅意味着扩大第一产业占比或者单纯扩大农作物播种面积，而是要使农业经营规模与效率、管理水平、技术水平相匹配。

参考文献

[1] 袁志刚,解栋栋.中国劳动力错配对TFP的影响分析[J].经济研究,2011,46(7):4-17.

[2] Hayami Y, Ruttan V W. Factor Prices and Technical Change in Agricultural Development: The United States and Japan [J]. The Journal of Politics, 1970, 78 (5): 1115-1141.

[3] 林毅夫.自生能力、经济发展与转型:理论与实证[M].北京:北京大学出版社,2004.

[4] 李佳睿,王善高.要素市场扭曲对农业生产技术效率的影响研究[J].山东农业科学,2018,50(8):161-168.

[5] 孙昊.小麦生产技术效率的随机前沿分析——基于超越对数生产函数[J].农业技术经济,2014(1):42-48.

[6] 王宁,史晋川.中国要素价格扭曲程度的测度[J].数量经济技术经济研究,2015(9):149-161.

[7] 蒲艳萍,成肖.农业资本配置效率与地区差异分析[J].农业技术经济,2014(5):50-59.

[8] 陈永伟,胡伟民.价格扭曲、要素错配和效率损失:理论和应用[J].经济学(季刊),2011,10(4):1401-1422.

[9] 袁鹏.中国能源需求增长的因素分解[J].数量经济技术经济研究,2014,31(11):70-85.

[10] Ouyang X L, Wei X Y, Sun C W, Du G. Impact of Factor Price Distortions on Energy Efficiency: Evidence from Provincial-Level Panel Data in China [J]. Energy Policy, 2018 (10): 573-583.

[11] 朱喜,史清华,盖庆恩.要素配置扭曲与农业全要素生产率[J].经济研究,2011,46(5):86-98.

[12] 盖庆恩,朱喜,程名望,史清华.要素市场扭曲、垄断势力与全要素生产率[J].经济研究,2015,50(5):61-75.

[13] 呼倩,黄桂田.改革开放以来中国劳动力流动研究[J].上海经济研究,2019(6):49-71.

[14] Gollin D. Getting Income Share Right [J]. Journal of Political Economy, 2002, 110 (2): 458-474.

[15] 孙文凯,白重恩,谢沛初.户籍制度改革对中国农村劳动力流动的影响[J].经济研究,2011,46(1):28-41.

[16] 蔡昉,都阳,王美艳.户籍制度与劳动力市场保护[J].经济研究,2001(12):41-49.

[17] 张玉琳,杜建军.农村转移劳动力价格扭曲的宏观因素研究[J].西部人口,2016,37(2):59-68.

[18] 蔡昉.农业劳动力转移潜力耗尽了吗[J].中国农村经济,2018(9):2-13.

[19] 姚上海.从"民工潮"到"民工荒"农民工劳动力要素价格扭曲现象剖析[J].中南民族大学学报(人文社会科学版),2005(9):110-113.

[20] 约翰·奈特,邓曲恒,李实.中国的民工荒与农村剩余劳动力[J].管理世界,2011(11):12-27.

[21] 胡祎,张正河.农机服务对小麦生产技术效率有影响吗[J].中国农村经济,2018(5):68-83.

[22] 徐文舸."新常态"下的供给约束——我国农业剩余劳动力究竟还有多少[J].人口与社会,2015,31(4):42-51.

[23] 张晓恒,周应恒.农户经营规模与效率水平不匹配对水稻生产成本的影响[J].中国农村经济,2019(2):1-17.

[24] 史常亮,李赟,朱俊峰.劳动力转移、化肥过度使用与面源污染[J].中国农业大学学报,2016,21(5):169-180.

Analysis of Labor Price Distortion Degree and Its Influencing Factors
—Taking Wheat Production for Example

Chen Pei   Wang Ziyu   Tao Sumin

(*Center for Food Security and Strategic Studies, Nanjing University of Finance and Economics, Nanjing, 210003 China*)

Abstract: Obstructed labor flow leads to price distortion of labor, and price distortion leads to inefficient allocation of agricultural production factors. Taking the data of 15 major wheat producing provinces in China from 2004 to 2017 as an example, based on the translog production function, the fixed effect model was used to estimate the degree of annual labor price distortion in each province. It was found that the labor price in wheat production in China was distorted and showed positive distortion, with an average distortion degree of 0.228. In addition, the distortion degree of labor force varies in different regions, with the minimum distortion of labor price in Heilongjiang province being 0.936, and the maximum distortion in Yunnan province being 0.061. The factors influencing the price distortion of labor force were explored. The results showed that the level of surplus rural labor force and the wages of urban residents had a significant negative effect on the price distortion of labor force, while the per capita income of rural residents, the government's agricultural policy subsidies, the proportion of primary industry and the sown area of wheat had a significant positive effect on the price distortion of labor force. Finally, based on the research conclusions, the corresponding policy recommendations are given.

Key Words: Labor Price Distortion; Translog Production Function; Fixed Effect; Influencing Factors

中国近 20 年粮食领域研究热点与趋势
——基于 CiteSpace 的可视化分析

王 钢

（南京财经大学，粮食经济研究院，南京，210003）

摘 要：基于 CiteSpace 图谱量化软件对 2000 年 1 月至 2019 年 9 月期间的 2590 篇"粮食"主题词相关的研究文献进行的分析，获得了中国近 20 年的粮食研究热点与趋势概况。成像结果显示：在关键词的共现性方面，粮食研究领域呈现出了研究面广且紧密度高的特征；关键词聚类结果表明研究热点主要集中在粮食安全、粮食产能、耕地资源、粮食价格以及分析方法这几方面；生成的研究热点时间线则体现了学者在不同时间段分别聚焦于不同的关键词研究领域；关键词的突现性指数反映了学者在粮食研究热点间的切换方向及程度；最后，发表机构则主要集中于智库研究中心和高校。基于成像结果，粮食供给侧改革方向的研究极有可能在未来一段时期内持续成为粮食研究领域的热点领域。

关键词：粮食安全；粮食研究；CiteSpace；可视化分析

一、引言

随着中国整体经济实力的不断增强，人民生活水平的不断提高以及国内居民饮食结构的不断改善，人们对粮食的需求呈现持续扩大的趋势。自进入 21 世纪以来，随着中国城镇化进程的推进，耕地资源、水资源及劳动力资源对粮食生产的制约性作用逐步显现，粮食安全问题的重要性不断凸显。相应地，国内学者对粮食问题的研究经历了层次由浅到深、范围由窄到宽、方向由单一到多元化等几个阶段，具体的研究领域也由粮食流通体制转向了粮食生产、粮食价格、粮食流通以及粮食储备等，并且均取得了较为丰硕的成果。虽然，目前已有部分文献对粮食相关的诸如粮食经营、粮食价格、粮食补贴、流通体制以及粮食安全等领域的研究进行了梳理（高帆，2005；陈晓坤和张俊飚等，2013；西爱琴和刘阳，2013；陈秧分和孙炜琳等，2015；汪小勤和曾瑜等，2016），也有部分研究聚焦于研究方法和工具的分析（张瑞娟和任晓娜，2016；刘倩和张苑等，2018；解伟和魏玮等，2019），但是文献梳理方面的研究仅是针对某个领域开展，鲜有文献针对粮食研究领域做整体性的梳理和分析。对此，本文运用文献计量及图谱分析工具，对近 20 年的粮食研究核心论文文献在主流研究方向、热点切换、研究关联性、时间分布以及发表机构等方面进

---

① 收稿日期：2019-11-21
基金项目：江苏省研究生科研与实践创新项目"粮价波动和粮食补贴对主产区农户福利变化的影响研究"（KYCX19_ 1349）。

行整体性的可视化分析。本文期望通过对粮食研究热点脉络"过去时"的分析,帮助学者更好地把握粮食研究的"现在时"和"未来时",或许这就是本文所能作出的些许学术贡献。

二、研究方法和数据来源

为了直观地呈现近20年的粮食研究热点和趋势,本文采用CiteSpace知识图谱分析软件对近20年粮食研究领域的相关核心论文文献进行了梳理和分析。CiteSpace是一款由美国Drexel大学陈超美教授开发的用于可视化文献资料的知识图谱分析软件,该软件能根据相关文献的"主题词""关键词""作者""机构""引文"等信息,分析文献之间的关联性,不仅能统计出关键词或主题词的共现词频数,展现出作者和机构在该研究领域做出贡献的影响程度,而且能以可视化知识图谱的形式直观显示在某一时期内相关领域的研究热点和趋势。当前,该软件被越来越多的学者用于文献的梳理和归纳。

由于中国知网(China National Knowledge Infrastructure,CNKI),涵盖有10个专辑和168个专题,收录有8000余种期刊和3000万余篇文献,是目前世界上最大的连续动态更新的中国期刊全文数据库,同时也是国内众多学者搜索文献资料的主要平台,因此,本文主要通过中国知网数据库收集并分析有关粮食研究文献。要实现CiteSpace知识图谱分析软件的可视化功能,首先要在中国知网数据库平台搜索所需文献资料:在CNKI主题词栏目输入"粮食",时间覆盖2000年1月1日至2019年9月30日,来源类别选择"核心"和"CSSCI",共获得搜索结果19516条。为了聚焦研究对象,需要对搜索结果做进一步筛选。具体的筛选过程,一是要去除报纸、会议、期刊目录以及新闻发布会记录等类型文献数据;二是要剔除粮食研究中生物技术相关的文献资料;三是通过人工删除法对筛选后的文献库做二次提炼,最终共计获得2590条有效记录。

三、粮食研究相关文献的可视化分析

(一)文献的时间序列和主题分布情况

为了能对近20年粮食研究的核心文献有更为全面的了解,在做文献可视化图谱分析前,有必要对该领域的核心论文发文数量及主题分布情况做初步分析。

根据图1所示,自2000年以来,粮食研究相关核心论文数量呈现上升趋势。具体而言,粮食研究核心论文发表量呈现出了相对明显的阶段化特征:2000~2003年,年均发文量[①]相对较少,最高仅为728篇;2004~2007年,年均发文量上升到900篇左右;而自2009年以来,除2018年发文量仅为876篇,其余年份的年均发文量均在1100篇以上。可见,在进入21世纪以来,随着中国粮食供需矛盾的加剧以及粮食安全问题的凸显,学界对粮食领域投入了极大关注。

根据图2所示,涉粮核心论文主题主要涉及粮食安全、粮食生产、粮食品质、农地耕种以及财政管理等多个方面。其中,粮食安全、农产品产量、粮食产量、粮食品质、粮食

---

① 本文所指论文均为"核心"和"CSSCI"文献。

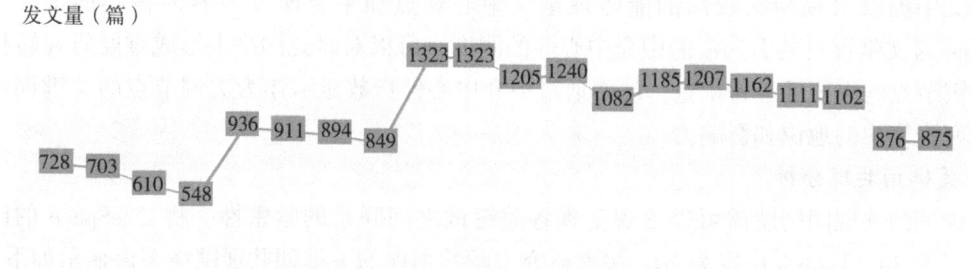

图 1　近 20 年涉粮研究相关核心论文发表数量

注：2019 年仅统计到 9 月。

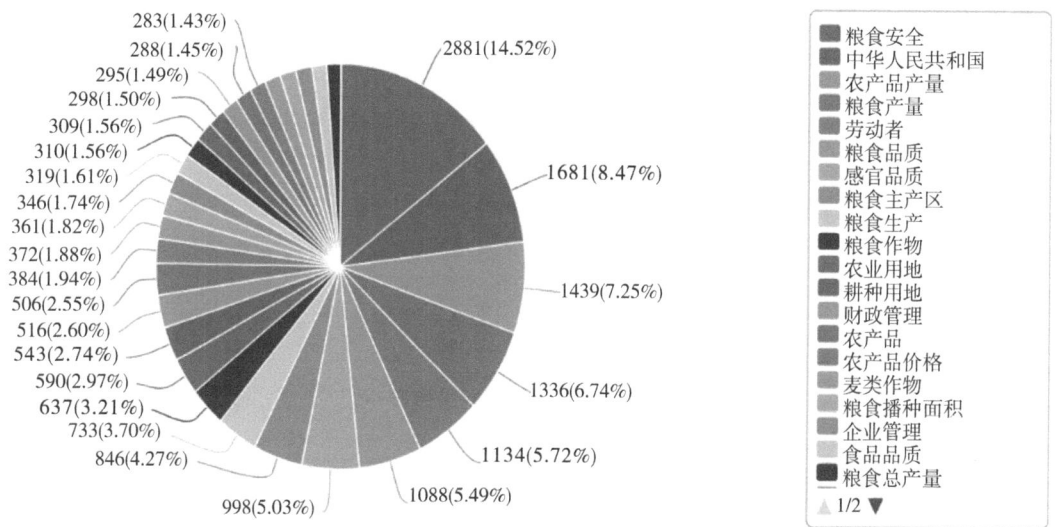

图 2　近 20 年涉粮核心论文主题分布

注：图 1 和图 2 数据均来源于中国知网数据库。限于篇幅，图 2 中的图例仅显示比重靠前且与研究主题直接相关的主题词。

主产区、粮食生产以及粮食作物等与"粮食"关键词直接相关的研究主题的发文量分别为 2881 篇、1439 篇、1336 篇、1008 篇、846 篇、733 篇以及 637 篇，相应占比分别为 14.52%、7.25%、6.74%、5.49%、4.27%、3.70%以及 3.21%。

（二）粮食研究热点分析

要对"粮食"主题词相关文献进行研究热点和趋势的分析，首先即要明确如何锁定研究热点。研究热点是在一定时间段内，较多文献资料就某一研究领域的某一问题表现出的一致性关注。CiteSpace 分析软件可从特定数据库中收集并整理出高频关键词，从而锁定在某一时间段内的研究热点，这对于明晰该领域的主要研究方向以及之后的研究趋势具有重要作用（陈悦和陈超美等，2015）。对文献高频关键词的定位，主要是从论文题目、摘要以及正文中提取出现频次较高的能体现全文中心观点和主要研究内容的核心词汇。而 CiteSpace 对文献资料共引词汇的中介中心性的测度，可以对研究网络中形成重要研究转折点的关键节点的重要性进行衡量，从而通过中介中心性指数显示作为关键节点的关键词在整个研究网络中的地位和影响力。

1. 关键词共现分析

关键词的共现网络图谱可以直观呈现各关键词之间联系的紧密性。将 CiteSpace 的阈值 T 设置为 30，TopN%设置为 20，粮食研究文献数据库的关键词共现网络图谱显示如下：

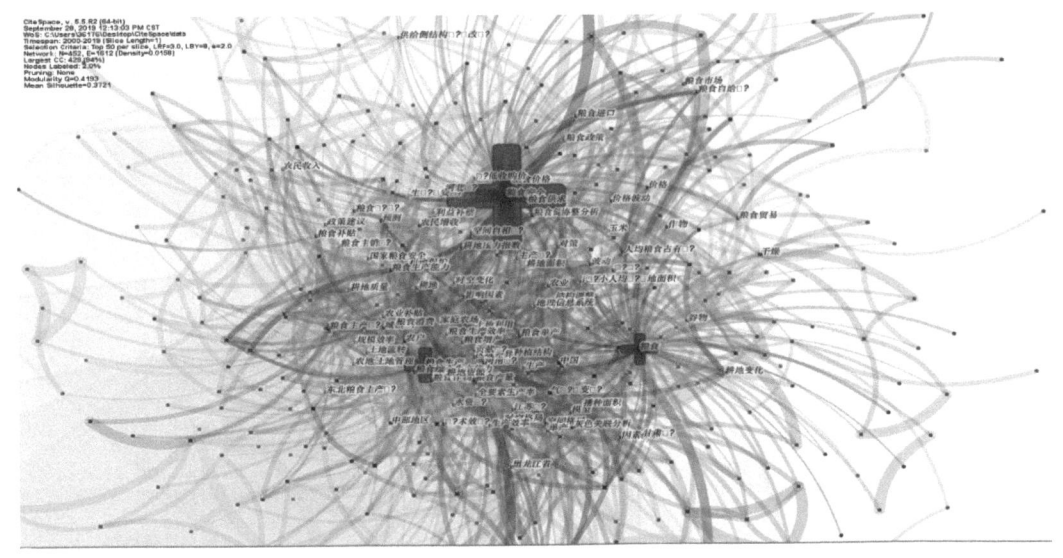

图3 关键词共现网络图谱

基于 CiteSpace 运行的结果显示，关键词共现网络图谱中有节点 452 个和网络连接线共 1612 条，网络密度指数为 0.46，粮食研究领域初步呈现出研究面广且联系紧密度高的特征。其中，节点大小表示关键词出现词频的高低，连接线的粗细则表示关键词之间的共现程度。图 3 的成像结果显示"粮食安全""粮食生产"以及"粮食"这三个关键词的节点最大，也即出现词频最高，这表明有较多研究围绕这三个关键词开展。其中，节点最大的关键词是"粮食安全"，也即粮食研究中有关的"粮食安全"议题受学者关注度最大。

由于关键词共现网络图谱仅显示大致的热点关键词，以及热点关键词之间的关联度，为进一步明确粮食研究热点和趋势，本文运用 CiteSpace 知识图谱可视化软件获取了基于整理的 2590 篇文献资料的热点关键词的词频排序结果和中心性排序结果（见表1）。由于关键词词频为关键词在文献数据库中出现的次数，而关键词中心性则表示为该关键词在数据库中所体现的重要性，因此，众多学者往往将"词频"和"中心性"这两个指标作为确定相关研究热点的重要依据。

表1 排名前15的粮食研究热点关键词

排名	按词频排序			按中心性排序		
	频次	中心性	热点关键词	频次	中心性	热点关键词
1	642	0.59	粮食安全	642	0.59	粮食安全
2	268	0.40	粮食生产	268	0.40	粮食生产
3	263	0.35	粮食	263	0.35	粮食
4	152	0.16	粮食产量	131	0.18	粮食主产区
5	131	0.18	粮食主产区	152	0.16	粮食产量
6	100	0.10	中国	100	0.10	中国
7	95	0.07	影响因素	87	0.08	粮食价格
8	87	0.08	粮食价格	95	0.07	影响因素
9	51	0.03	气候变化	20	0.05	粮食进口
10	47	0.02	粮食作物	43	0.04	农户
11	43	0.04	农户	11	0.04	供给侧结构性改革
12	37	0.03	河南省	51	0.03	气候变化
13	34	0.02	技术效率	37	0.03	河南省
14	34	0.02	粮食单产	28	0.03	土地利用
15	33	0.02	耕地	28	0.03	农业

根据表1显示的结果，无论是按词频排序抑或是按中心性排序，排序结果中的多数关键词凸显研究主题程度较高。基于按词频排序的结果，排名前5的热点关键词分别为粮食安全、粮食生产、粮食、粮食产量以及粮食主产区，其词频分别为642次、268次、263次、131次以及152次。其余与价格、气候、省域以及技术等相关的热点关键词也均与粮食研究主题存在高度相关性。其中，由于河南省为典型的粮食主产区，其在粮食研究相关的文献资料库中出现的频次较高（37次），成为排名12的热点关键词。基于按中心性排序的结果，排名前5的热点关键词分别为粮食安全、粮食生产、粮食、粮食主产区以及粮食产量，中心性指数分别为0.59、0.40、0.35、0.18以及0.16。其中，粮食安全、粮食生产以及粮食这三个关键词与其他关键词的共现程度最高，其余与价格、农户、供给侧改革、省域以及气候相关的热点关键词也均与其他关键词存在较为紧密的关系。热点关键词词频和中心性排序结果与图3显示的关键词共现网络成像图谱保持了一致性。

显然，按词频排序的热点关键词和按中心性排序的热点关键词之间存在较多重合性，特别是排名前八的热点关键词基本重合。这是由于出现频次高的关键词往往表示其在文献资料中的重要性，与其他关键词的共现度高的概率就比较大。排名相对靠后的关键词，在两种排序结果中出现了分化，也即存在词频高中心性低或中心性高词频低的现象。基于CiteSpace软件实现的热点关键词图谱结构的可视化结果，"粮食"主题词相关的研究领域涉及面已较为广泛，除了粮食安全、粮食生产以及粮食价格等核心研究领域，也涉及气候、农户、农业以及技术等方面，而在近些年，供给侧结构性改革又成为新的研究方向。

2. 关键词聚类分析

关键词聚类分析，首先需要选择提取聚类关键词的方法。综合参考当前较多学者对

Ctiespace 软件的运用（田军，2014；李彬彬和许明祥等，2017；张亚如和张俊飚等，2018），本文选取 LLR 算法提取聚类主题关键词。基于对软件阈值进行的多次调整，本文选择了 K 聚类形式，最终得以呈现比较清晰的 10 个关键词的聚类图谱成像结果。根据软件运行显示的结果，Modularity Q 指标值为 0.418，Mean Silhouette 指标值为 0.783。其中，Modularity Q 指标值虽然处于相对较低水平，但是其值大于 0.3，说明聚类结果可信，而 Mean Silhouette 指标值大于 0.5，说明聚类结果较为合理。CiteSpace 软件的成像结果最终显示了粮食安全、粮食生产、粮食、粮食单产、粮食主产区、耕地压力、主成分分析、耕地、粮食价格以及供给侧结构性改革这 10 个关键词聚类群组，这也在较大程度上反映了在本文研究时间范围内的有关粮食研究热点分布。为了对获得的聚类群组做进一步了解，在每个关键词聚类群组内列示排名靠前的三大关键词，具体见表 2：

表 2 粮食研究关键词聚类分析结果

聚类号	聚类群组关键词	节点数	紧密程度	包含关键词
#0	粮食安全	62	0.531	粮食安全（221.17）、最低收购价（138.44）、粮食进口（122.2）
#1	粮食生产	58	0.492	粮食产量（133.92）、生产效率（118.3）、粮食增产（83.53）
#2	粮食	46	0.552	粮食（188.83）、谷物（135.02）、播种（73.7）
#3	粮食单产	30	0.588	粮食单产（98.04）、粮食产量（93.35）、生产效率（89.99）
#4	粮食主产区	23	0.628	粮食主产区（178.48）、土地流转（146.6）、农业补贴（103.79）
#5	耕地压力	15	0.601	耕地压力（143.3）、耕地资源（114.36）、土地利用（68.57）
#6	主成分分析	13	0.636	主成分分析（95.02）、生产函数（77.63）、小波分析（70.2）
#7	耕地	13	0.808	耕地（174.3）、耕地资源（129.91）、土地管理（89.63）
#8	粮食价格	11	0.650	粮食价格（221.8）、粮食市场（176.46）、价格支持（137.21）
#9	供给侧结构性改革	8	0.641	供给侧结构性改革（133.72）、种植结构（104.4）、粮食产业（88.24）

注：括号内数字代表似然函数值。

表 2 中显示了排序前 10 的关键词聚类群组，其聚类序号按照包含节点数由大到小进行了排序。软件显示的节点数表示该关键词聚类群组中包含的关键词个数，紧密程度则表示群组内部关键词之间的关联度，紧密程度越高，说明关键词群组的聚类效果越好。其

中,"粮食安全"这一个关键词群组包含节点数最多,说明有较多学者关注粮食安全领域并做出了相对广泛的学术研究,且与群组内其他关键词之间存在较多的关联度,特别是与"最低收购价"和"粮食进口"这两大关键词联系最为紧密。包含节点数最少的是"影响因素",在该领域的文献相对较少,因此,与其他关键词之间并不存在广泛的关联性。根据表2显示的结果,显然,包含节点数较多的关键词群组的紧密程度相对较低,而包含节点数较少的关键词群组的紧密程度反而相对较高。这是由于包含节点数较高关键词群组内含较多关键词,从而难以形成较为一致的研究方向;反之则亦然。就关键词之间的紧密程度而言,指数最高的为"粮食价格"关键词群组,也即在粮食研究领域,粮食价格有关的研究较为集中,是该领域的重要研究方向。

关键词聚类从研究范围和研究集中度两个维度呈现了粮食研究热点分布情况。结合整理的文献资料,在本文的研究时间范围内,粮食研究热点主要集中在粮食安全、粮食产能、耕地资源、粮食价格以及分析方法这几方面。其中,与粮食安全和粮食产能相关的研究文献数量最多,尤其是粮食安全方面,而相对较低的紧密程度指数则显示该领域研究方向的多样性。此外,与耕地资源、粮食价格以及分析方法相关的研究文献数量相对偏少,其相对较高的紧密程度指数则表示其研究方向较为一致。

3. 研究热点时间线分析

为了对过去粮食热点研究领域有更为直观和全面的了解,现运用 CiteSpace 软件生成关键词群组的时间线分布图,具体见图4:

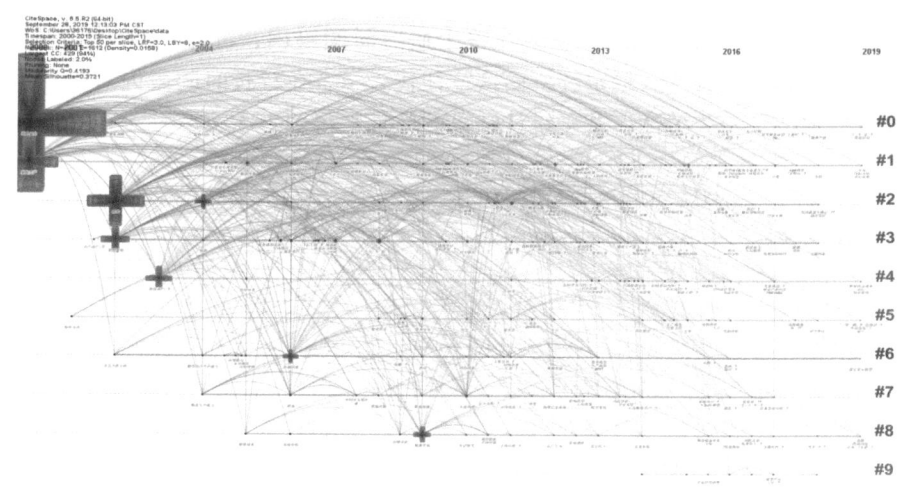

图4 关键词聚类群组研究时间线

注:十大#0分别表示"粮食安全""粮食生产""粮食""粮食单产""粮食主产区""耕地压力""主成分分析""耕地""粮食价格""供给侧结构性改革"这十大关键词聚类群组。

根据图4,除了"供给侧结构性改革"这一关键词群组,其余9个关键词群组均覆盖了较长的研究时间区段,但是相互之间的研究时间段存在一定差异性:粮食安全和粮食生产这两大关键词群组研究周期覆盖了本文的整个研究时间区间,这说明粮食安全问题和生产问题在进入21世纪以来一直是众多学者关注的焦点;粮食、粮食单产、粮食主产区、耕地压力以及主成分分析这几个关键词群组相关的研究周期覆盖了 2002~2019 年；而与耕地及价格相关的粮食研究则分别集中于 2004~2017 年和 2005~2019 年；由于"供给侧结构性改革"是习近平总书记在 2015 年提出的，因此，该关键词与粮食相关的研究则主要集中于 2015~2019 年。

图 4 中显示的十字星代表着关键词的中介中心性，十字星越大，受关注程度越高，而图形中的连线则表示关键词之间的关联性，连线越多，则表明与其他关键词之间存在较高的共现性。显然，"粮食安全"相关的粮食研究覆盖的时间线最长，而且基于关键词之间连线的密集程度可见，该关键词群组与其他关键词之间在较为广泛且紧密的关联度。粮食生产、粮食、粮食单产以及粮食主产区这几个关键词群组的十字星显示也较为明显，关键词间的关联度也较为密集，因此同样一直受到众多学者的关注。其余几大关键词群组的中介中心性相对较低，且并未显示明显的十字星，关键词之间的连线也并不密集，尤其是与"供给侧结构性改革"相关的粮食研究不仅研究时间相对较短，而且研究成果尚不够丰富。

通过 CiteSpace 软件的进一步计算，可得引文量最大的前 20 个关键词，而根据这些关键词的突现指数及其时间分布情况，可以获得更为精确的粮食研究热点趋势分布概况。关键词的突现指数是以突变词为基础测算而得，而"突变词"（Burst Term）是指以文献关键词为研究对象，根据关键词在不同年份的分布情况，利用时间序列突变点识别方法检测出在不同年份发生突变关键词，也就是出现频次增长最快的关键词。特别要说明的是突变词和高频关键词存在一定的差异性：突变词意为在特定时间段内，某个关键词出现频次的骤增，从而形成了在一定时期内的研究热点，这往往代表着学者在不同时间段内对粮食研究热点问题的关注度；高频关键词意为在整个研究时间段内，部分关键词出现的频次较高，形成的研究热点具有持久稳定性，而这往往代表学者在较长时间段内对粮食研究的某一领域或方向保持了长久关注。基于统计结果的整理，得到表 3：

表 3 近 20 年粮食研究突变词列表

序号	关键词	突现指数	突现时间	序号	关键词	突现指数	突现时间
1	粮食	8.62	2002~2007	11	波动	4.33	2009~2011
2	粮食综合产能	4.85	2004~2011	12	预测	3.48	2009~2010
3	粮食储备	5.44	2005~2013	13	模型	3.30	2011~2014
4	直接补贴	3.26	2006~2007	14	耕地保护	3.39	2011~2015
5	中国	3.99	2006~2009	15	玉米	3.08	2015~2019
6	耕地	4.74	2006~2011	16	种植结构	4.18	2016~2019
7	农户	4.73	2007~2012	17	供给侧改革	4.08	2016~2019
8	耕地压力指数	4.06	2007~2008	18	粮食主产区	3.52	2017~2019
9	粮食安全	5.89	2008~2009	19	粮食生产效率	5.38	2017~2019
10	协整分析	3.90	2009~2011	20	全要素生产率	3.19	2017~2019

根据表 3，引文量最大的前五大关键词分别为粮食、粮食安全、粮食储备、粮食生产效率以及粮食综合生产能力。可见，无论是从研究时间还是从出现频次抑或是从引文量方

面,"粮食安全"和"粮食生产"均得到了众多学者最大的关注。而基于时间分布,近20年来,学者对于粮食研究领域的关注从粮食"生产""储备"以及"补贴"等领域转向了"农户"及"耕地"领域,继而转向了具体的"研究方法"和"计量模型",最近几年的粮食研究则开始注重于"结构优化"和"生产效率"这两大方向。基于引文量最大关键词的时间分布趋势,可见在粮食领域,粮食研究热点呈现出了由粮食政策和流通机制方面向粮食生产和供给侧改革方向渐进演变的趋势。

(三)发表单位网络共引分析

运用 CiteSpace 软件对粮食研究的发表单位分布情况进行分析,获得的可视化图谱成像结果显示共计有48个节点,147条连接,网络密度约为0.68。由此可见,相比本文收集的2590篇样本论文,在农科类研究领域,从事粮食研究的结构相对偏少。而极有可能正是由于偏少的从事粮食研究机构导致了机构间的合作关系较为紧密,从而促使粮食研究议题的集中化。基于可视化图谱成像结果显示,发表单位主要集中于智库研究中心和高校,通过进一步观察,智库类研究机构中的中国农业科学院和农业部农村经济研究中心发文量较多,而高校中的诸如中国农业大学、华中农业大学以及南京农业大学等农科类大学在该领域发表的核心论文数量比较靠前。排名前十的粮食研究发表单位概况如表4所示:

表4 排名前十粮食研究发表单位概况

出现频率	中介中心性	发表机构	出现频率	中介中心性	发表机构
87	0.18	中国农业科学院	40	0.01	西南大学
76	0.11	中国农业大学	34	0.15	农业部农村经济研究中心
71	0.09	华中农业大学	31	0.01	湖南农业大学
64	0.04	南京农业大学	25	0.01	中国社会科学院
56	0.08	中国人民大学	24	0.05	西北农林科技大学

四、结论与展望

根据中国知网数据库对粮食研究领域核心论文的初步统计结果可知,自进入21世纪以来,粮食研究领域的核心论文发文量在整体上呈现上升趋势,主题分布也较为广泛。为了进一步了解近20年粮食研究热点及趋势变化,本文基于文献计量法,选用 CiteSpace 知识图谱分析软件,针对通过中国知网数据库收集并整理的2590篇核心和 CSSCI 文献进行了可视化分析。根据最终获得的知识图谱成像结果,高频关键词的共现及聚类、研究热点的时间分布以及论文发表单位的网络共引表现出如下特征:在关键词的共现性方面,粮食研究呈现出了研究面广且紧密度高的特征,其中,出现的频次及中介中心性排名前5的关键词分别为粮食安全、粮食生产、粮食、粮食产量及粮食主产区;关键词聚类从研究范围和研究集中度两个维度反映了粮食研究热点的分布状况,研究热点主要集中在粮食安全、粮食产能、耕地资源、粮食价格以及分析方法这几大方面;基于对研究热点时间线的分析,学者在不同时间段聚焦于粮食安全、粮食生产、生产资源、分析方法以及粮食的供给端等不同的研究方向，其中，粮食安全方向的研究不仅覆盖的时间线最长，而且与其他关键词之间存在较为广泛且紧密的关联度；而根据关键词的突现性，粮食研究热点呈现出了由粮食政策和流通机制方面向粮食生产和供给侧改革方向渐进演变的趋势；而粮食研究核心论文文献的发表单位主要集中于智库研究中心和高校，其中又以农科类院校为主。

当前，中国面临着粮食需求快速扩张而粮食供给难以维持高速增长的粮食安全问题。随着国家经济社会的快速发展，人民生活质量得到了极大改善，对粮食的需求的增长不仅存在刚性而且具有持久性，因此，要保障中国的粮食安全，就需要从供给端下功夫寻找突破口。2015年，党中央就决定实施供给侧结构性改革，经过几年的努力已取得了重要阶段性成效。在粮食供给端同样需要实施结构性改革，通过调结构、提质量以满足广大老百姓对优质粮食的需求，进而保障国内的粮食安全。根据CiteSpace软件运行最终获得的知识图谱成像结果，在学术界，与粮食相关的"供给侧结构性改革"方向的研究已然成为当前的热点，其突现指数达4.08，而其持续的突现时间为2016年至今。基于此，不难预测，粮食供给端有关的粮食生产、结构调整以及质量提升等方向将会成为未来一段时期内粮食研究领域的热点，这在某种程度上为从事粮食领域研究的众多学者提供了一定的参考。

本文的研究尚存在较多不足之处，最为明显的是基于软件运用的限制，样本文献只包括了中国知网数据库中的中文期刊，后续将尝试扩大搜索范围，整理出更为全面的中英文的粮食研究方面的核心论文数据库，以期获得更为全面的有关粮食研究领域的文献分布情况。而就粮食研究整体状况而言，也存在"研究面窄"这一不容忽视的问题。粮食研究领域在数据方面虽然表现出了机构间合作的紧密性和研究领域的集中性，然而发表单位的网络共引分析结果却表明这很有可能是由于从事粮食研究机构偏少所致。虽然到目前为止，粮食研究领域已取得较为丰硕的研究成果，然而从事粮食研究的机构和学者的"乏力"，学界不得不引起重视。粮食问题关乎国家社会的稳定和发展，粮食领域的相关研究尚需不断丰富和深入，急需更多的学者投身到粮食研究领域中。

参考文献

[1] 高帆. 中国粮食安全研究的新进展：一个文献综述 [J]. 江海学刊, 2005（5）：82-88.

[2] 陈晓坤, 张俊飚, 李鹏. 我国农产品价格波动与通货膨胀问题研究历史回顾及文献综述——基于国内1978—2012年的文献 [J]. 中国农业大学学报, 2013, 18（4）：238-244.

[3] 西爱琴, 刘阳, 徐龙军, 吴敬学. 农户粮食储备决策：一个国内外文献研究综述 [J]. 经济问题探索, 2013（9）：157-162.

[4] 陈秧分, 孙炜琳, 薛桂霞. 粮食适度经营规模的文献评述与理论思考 [J]. 中国土地科学, 2015, 29（5）：8-15.

[5] 汪小勤, 曾瑜, 王俊杰. 农业直接补贴政策：文献综述与国别研究 [J]. 河南社会科学, 2016, 24（3）：83-93, 123-124.

[6] 张瑞娟, 任晓娜. 粮食价格形成和波动机制研究——文献综述与评析 [J]. 中国农业大学学报, 2016, 21（1）：141-146.

[7] 刘倩, 张苑, 汪永生, 黄道涵, 李桂君. 城市水—能源—粮食关联关系（WEF-Nexus）研究进展——基于文献计量的述评 [J]. 城市发展研究, 2018, 25（10）：4-17, 25.

[8] 解伟, 魏玮, 崔琦. 气候变化对中国主要粮食作物单产影响的文献计量Meta分析 [J]. 中国人

口·资源与环境, 2019, 29 (1): 79-85.

[9] 陈悦, 陈超美, 刘则渊, 胡志刚, 王贤文. CiteSpace 知识图谱的方法论功能 [J]. 科学学研究, 2015, 33 (2): 242-253.

[10] 田军. 信息可视化分析工具的比较分析——以 CiteSpace、HistCite 和 RefViz 为例 [J]. 图书馆学研究, 2014 (14): 90-95, 54.

[11] 李彬彬, 许明祥, 巩晨, 李盼盼. 国际土壤质量研究热点与趋势——基于大数据的 CiteSpace 可视化分析 [J]. 自然资源学报, 2017, 32 (11): 1983-1998.

[12] 张亚如, 张俊飚, 张昭. 中国农业技术研究进展——基于 CiteSpace 的文献计量分析 [J]. 中国科技论坛, 2018 (9): 113-120.

Hotspots and Trends of Grain Research in China in Recent 20 Years
—Visualization Analysis Based on CiateSpace

Wang Gang

(*Institute of Food Economics, Nanjing University of Finance and Economics, Nanjing, 210003 China*)

Abstract: Based on the Quantitative Software of CiteSpace Atlas, 2590 research papers related to the theme of "grain" from January 2000 to September 2019 were analyzed, and the hot spots and trends of grain research in China in the past 20 years were obtained. According to the imaging results, the hotspots and trends of grain research show certain characteristics: In terms of the co-occurrence of key words, the research field of grain shows the characteristics of wide range and high compactness; The results of keyword clustering show that the research focuses on food security, grain productivity, arable land resources, grain prices and analysis methods; The generated hotspot time line reflects that scholars focus on different keyword research fields in different time periods; The saliency index of key words reflects the switching direction and degree of scholars in food research hot spots; Finally, publishing institutions are mainly focused on think tank research centers and universities. Based on the imaging results, the research on the direction of grain supply side reform is likely to continue to be a hot area in the field of grain research in the future.

Key Words: Grain Safety; Grain Research; CiteSpace; Visualization Analysis

中国粮食生产效率变动趋势及影响因素研究
——一个文献综述

赵丹丹[1]　马媛媛[2]　李　霜[3]

(1. 金陵科技学院，商学院，南京，211169；2. 金陵科技学院，财务处，南京，211169；
3. 江苏经贸职业技术学院，工商管理学院，南京，211168)

摘　要：粮食安全问题仍然是现阶段研究的重点，粮食生产效率的稳定和提高是确保国家粮食安全的关键所在。综述已有文献发现：①我国粮食生产效率的主流分析方法有SFA和DEA两种，研究结果均表现出我国粮食生产效率损失较为严重。②资源禀赋特征中土地要素、外包、生产性社会化服务、农业资本投入和农村劳动力均对我国粮食生产效率具有显著影响。③自然资源特征中对粮食生产效率起主要制约作用的是自然灾害、气候变化和地形条件。此外，城镇化、农户个体特征等均会带来粮食生产效率损失，需针对不同地区禀赋特征具体分析制约粮食生产效率的因素。

关键词：粮食生产；生产效率；文献综述

五谷食米，民之司命也。尽管自2014年开始，我国生产总量达到12连增，但随着我国耕地资源的连年压缩、单位面积产量的提升空间有限以及生态环境的恶化，导致我国粮食安全形势十分严峻。因此，提高粮食生产效率是确保我国粮食安全问题的关键环节。

在上述背景下，探讨粮食生产效率问题就显得尤为重要，在此之前，需对已有研究进行梳理和分析，进而寻找研究的突破和创新。现有关于影响粮食生产效率的文献主要聚焦于两大部分：第一部分是粮食生产效率的测算，第二部分是粮食生产效率的影响因素。在第二部分影响粮食生产效率的因素中又将影响因素分为两大类：第一类主要包括农业资源禀赋对粮食生产效率的影响，第二类包括自然资源以及外部性对粮食生产效率的影响。

一、粮食生产效率测算及演变趋势

（一）SFA分析方法

粮食生产效率的测算是农业生产效率研究领域的重要方面，众多学者对我国粮食生产效率进行测算，研究方法分为参数非分析和非参数分析方法。参数分析方法是指随机前沿生产函数分析方法（SFA），是一种计量分析方法，将投入与产出以函数形式表示（薛龙

---

① 收稿日期：2019-12-20
基金项目：国家自然科学基金项目（71173109，71473121）；国家自然科学基金青年项目（71803071）、教育部人文社会科学研究规划基金青年基金项目（19YJC790190）、金陵科技学院高层次人才科研启动项目（jit-201819）。

和刘旗，2013）。而非参数（DEA）分析方法是线性分析方法的一种，表示产出与投入之间的比例关系，将决策单元效率与通过相同服务的决策单元的效率比较，实现实际单元效率的最大化。当效率达到1时，被称为相对有效率的决策单元。当效率小于1时，则被称为无效率单元（秦治领，2013）。参数分析方法与非参数分析方法中，非参数分析方法很好地规避了非技术因素对效率的干扰，可以直接得出效率值。参数分析方法的优点是可以检验生产函数中的参数，也可以检验生产函数模型设定的准确性，有利于降低干扰因素对效率的估计值的影响。但参数分析方法只使用于单产出多投入的生产函数模型，而非参数分析方法则不然（宿桂红，2010）。在测算全国层面粮食生产效率的文章中，多数学者通过对粮食效率的测算均得出我国粮食生产效率处于不断升高的阶段，但不同省份间存在差异。宿桂红和傅新红（2011）通过SFA方法对1998~2008年中国粮食主产区小麦生产效率进行测算发现主产区小麦技术效率逐渐提高，但提升幅度存在地区间差异。彭代彦和文乐（2015）使用SFA方法对2000~2008年我国26个省粮食生产效率进行计算，将农村劳动力结构变动作为影响效率损失的主要因素，进一步测算我国粮食技术效率对粮食全要素生产率的贡献。

（二）DEA研究方法

又有学者通过非参数DEA的研究方法对粮食生产效率进行测算，如闵锐和李谷成（2012）通过使用序列DEA方法测算1978~2010年我国粮食生产效率以及粮食全要素生产率的变化情况，得出东部地区粮食生产效率较均衡，西部地区粮食生产效率则出现失衡现象。薛龙和刘旗（2013）通过使用DEA非参数估计方法测算2000~2011年河南省粮食生产效率，包括粮食生产综合技术效率、纯技术效率、规模效率和全要素生产率。研究发现，规模效率是影响粮食生产综合效率的关键因素，而技术效率是促进粮食生产综合技术效率的主要原因。尹朝静等（2016）通过利用序列DEA非参数分析方法估算了1978~2012年我国粮食生产效率，认为气候变化阻碍了粮食生产效率的提高，但促进粮食生产技术进步，产生双重效应。王珏等（2010）运用Malmquist指数方法对中国各地区1992~2007年农业全要素生产率进行了测算，从不同区域看不同省份的粮食生产效率。胡冰川等（2006）通过SFA计算方法利用江苏省数据对省内13个地级市的粮食生产情况进行分析，得出江苏省粮食生产效率处于不断上升趋势的结论，且化肥和机械投入对粮食生产具有正向促进作用。秦清（2011）通过对2009年河南省18个地级市粮食生产效率进行分析，发现河南省粮食生产效率不高，主要原因是受复种指数、有效灌溉面积等因素影响。杨皓天和句芳（2015）采用非参数DEA分析方法，分别以规模报酬可变和规模报酬不可变两个模型计算内蒙古粮食生产全要素生产率，结果显示：内蒙古部分地区粮食生产综合效率是有效的，分别是兴安盟、通辽、锡林郭勒盟、鄂尔多斯和巴彦淖尔，而呼伦贝尔、赤峰和乌兰察布的粮食生产纯技术效率是有效的，但规模效率却无效。李英普等（2015）基于SFA随机前沿生产函数，运用1994~2013年河北省11市数据测算该省粮食生产效率，结果表明总体上河北省粮食生产效率处于不断上升趋势，但各地区粮食生产技术效率存在差异，张家口和承德粮食生产效率变化较大。宿桂红和常春水（2014）使用C-D生产函数对2004~2012年吉林省9市粮食生产效率进行测算得到吉林省平均粮食生产技术效率为71.36%。

二、资源禀赋特征对粮食生产效率的影响

农业投入要素对粮食生产效率具有直接影响,如劳动力、土地、技术进步等方面,进而在影响粮食生产效率的因素中,主要分析农业投入要素资源禀赋对粮食生产效率的影响,主要包括土地、外包服务、劳动力和农业资本等方面。

(一)土地要素对粮食生产效率的影响

土地要素包括耕地规模、土地细碎化程度、耕地地力情况等。与传统农业相比,土地规模化经营抑制了土地细碎化带来的效率损失,并且有利于农业机械化的使用,分别提高了农业生产要素的配置效率和生产效率(陈培勇和陈风波,2011;王水连和辛贤,2017;王嫚嫚等,2017;但小平等,2008)。张忠明和钱文荣(2010)利用吉林省调研数据,通过土地规模聚类分析和生产效率测算发现土地规模与粮食生产效率两者之间不是简单的线性关系,小规模户与大规模户生产潜力都得到了较充分的发挥;陈培勇和陈风波(2011)、王嫚嫚等(2017)、王水连和辛贤(2017)认为土地细碎化不利于农业规模化生产,影响农业生产利润,降低农业生产要素的配置效率,增加了农业生产成本、劳动力、机械用工量等生产要素的投入,对粮食生产效率的提高带来阻碍作用;贾琳和夏英(2017)、许庆等(2011)发现耕地规模的扩大可通过规模效应,促进农业机械化的使用,进而提升粮食生产效率。王嫚嫚等(2017)将耕地地力分别放入生产函数和非效率项的影响因素中,结果均显示耕地地力对粮食生产效率具有显著的正向作用。

(二)外包等生产性服务对粮食生产效率的影响

生产性服务是指农业生产活动提供中间投入服务的产业,包括生产资料的规模供给、生产技术的统一服务和农产品统一销售等多种形式(蒋和平和蒋辉,2014)。随着城镇化和工业化发展水平的提高,传统生产模式难以满足粮食市场日益增长的需要(姜长云,2010)。现代经济增长理论表明,生产效率的提高依赖于技术的进步,而新技术的产生又依赖于专业化服务的发展(高强和孔祥智,2012)。与此同时,随着劳动力价格的上涨、青壮年劳动力向非农部门转移,生产性服务能够有效地替代家庭劳动力,不仅克服了农村劳动力数量和劳动力技能不足的缺陷,缓解当前城镇化带来的劳动力损失和劳动力副业化现象,而且对原有价格较高的生产资料进行替代,节约了生产成本,促进了农业现代化发展,并提高了农业生产效率(孙顶强等,2016;陈超等,2012;周宏等,2014)。关于农业社会化服务,相关学者还分析了自用工与雇工对粮食生产效率的影响,发现雇工的劳动生产率高于自用工;刘强等(2017)采用随机前沿研究方法,分析生产性服务对粮食成本效率的影响,研究结果表明生产性服务在不同环节上对粮食成本效率存在差异,但技术服务、机械服务对提高粮食成本效率、节约生产成本具有显著作用。

(三)农业资本投入对粮食生产效率的影响

农业资本性投入增加了农民收益,促进了农业生产先进设备改良、优良品种研发和技术进步。杨坤和黄季焜(2009)利用调研数据分析新品种的采用对农业生产效率的影响,结果表明新品种的采用促进农业生产效率的提高。农业财政补贴作为资本投入,无论是现金形式还是实物形式均促进资本流动,降低农户投入成本,提高农户种粮积极性,从而对

粮食生产形成反馈效应，提高粮食生产效率（高鸣等，2016）。粮食生产的关键在于技术进步，提高农业科技水平和专业分工，不仅有助于提高产出效率，更有利于开发粮食资源（杨义武等，2017；Mapemba 等，2013）。

（四）农村劳动力对粮食生产效率的影响

这主要涉及劳动力转移、劳动力老龄化、妇女化对粮食生产效率的影响。关于劳动力老龄化对粮食生产效率的影响存在分歧，一部分学者认为，农村劳动力老龄化没有显著降低粮食生产效率（周宏等，2014；彭代彦和文乐，2016；胡雪枝和钟甫宁，2013），而另一部分学者认为农村劳动力老龄化制约了农业生产，阻碍了粮食生产效率的提高（陈锡文等，2011）。马林静等（2014）、吴惠芳和饶静（2009）、文华成（2014）使用SFA随机前沿生产函数，从劳动力非农转移视角分析劳动力非农转移对粮食生产效率的影响，结果表明农村劳动力非农转移、妇女化特征显著提高了粮食生产的技术效率，农业劳动力人力资本促进粮食生产效率的提高。彭代彦和文乐（2016）通过利用2000~2010年省级面板数据，采用超越对数随机前沿生产函数测算了我国粮食生产效率，进一步分析农村劳动力老龄化和妇女化对粮食生产效率是否产生阻碍作用，研究结果表明，我国粮食生产效率确实存在效率损失，但农村劳动力老龄化并没有降低粮食生产技术效率，且农村劳动力妇女化提高了我国粮食生产效率，得出这样的结论是由于在水稻生产过程中经验积累的贡献可能超过了体能下降的负面影响。李旻和赵连阁（2009）利用辽宁省2003~2006年农村固定观察点数据，通过研究农村老龄化劳动力对农业生产的影响，结果表明老龄化劳动力在技术应用和农业生产经营规模等方面不占优势，且不利于农业生产发展。陈锡文等（2011）得出同样的结论，认为农村劳动力老龄化与劳动力转移导致了农业生产过程中农业劳动投入不足的现象，从而制约了农业生产。

三、自然资源特征对粮食生产效率的影响

这里所涉及的自然特征包括自然灾害、气候和地形等因素。首先是自然灾害。自然灾害是影响农业收成的重要因素之一。自然灾害对粮食生产构成具有负面影响（罗万纯和陈永福，2005；杨春，2009），但这也取决于地区特征、政府决策对自然灾害做出的及时反应所形成的"回弹效应"（周力和周应恒，2011）。刘涛（2012）在分析技术效率时引入自然灾害变量，发现改变量直接影响到农业技术效率，是农业技术效率不高的主要动因，对粮食生产效率具有阻碍作用。其次是气候变化。当前气候变化对粮食生产效率的影响一直是热点话题，普遍认为气候变化对粮食生产具有负面影响，但地域间影响程度存在差异。Lobell 和 Asner（2003）研究了美国作物生产期内温度变化对粮食作物的影响，发现气温升高对玉米和大豆的产量具有负作用，气温的产出弹性为-17%。Rosegrant 和 Cline（2003）构建了包括气候变化与气候不变化两种情形在内的生产函数，发现气候要素对粮食生产具有一定影响，但不同地域之间影响程度不同。石成玉（2015）认为，气候变化通过影响水利条件，进一步提高耕地产出效率。尹朝静等（2016）则认为气候呈现倒"U"形波动特征，对粮食生产效率具有正反两方面影响。姜岩等（2015）使用1988~2010年数据进行实证检验，发现气候变化对生产效率存在年际差异，地区之间具有波动性，且不

同月份对生产效率的影响也存在差异。最后是地形因素。地形对粮食生产产生的影响主要表现为地形的平整程度对农机利用效率以及土地规模化的影响，地形越平整，越有利于实现规模化、机械化生产；反之则会受到限制。周晶等（2013）认为，地形是造成农业机械化水平高低的主要因素，地形在影响农业机械化使用的同时，间接影响粮食生产效率。杨志武和钟甫宁（2010）研究还发现，地形条件会影响种植决策外部性，主要是由于地形条件会带来地形的集聚和分散，如丘陵山地因地形条件会将农地分割成若干块，进而不易形成连片种植的可能。

除此之外，还有学者认为城镇化、环境污染（赵丽平等，2015；闵锐和李谷成，2013）、粮农个体特征（王阳，2014）、农村用电量（黄金波和周先波，2010）、能源（董莹和穆月英，2015）对粮食生产效率也具有显著作用。可见，影响粮食生产效率的因素不仅包括农业生产投入要素，还包括经济因素、社会因素、文化因素等方面。

四、结论

本文聚焦于粮食生产效率的相关研究，综述已有文献，多数学者的研究集中在粮食生产效率的测算、资源禀赋特征对粮食生产效率的影响、自然资源特征对粮食生产效率的影响等方面。研究发现：

（1）多数学者使用 SFA 和 DEA 两种方法测算我国粮食生产效率，多数研究结果表明我国粮食生产效率处于不断升高的趋势，但存在省际间差异。

（2）在资源禀赋特征中，土地规模化经营抑制了土地细碎化带来的效率损失，并且有利于农业机械化的使用；农业资本性投入增加了农民收益、促进了农业生产先进设备改良、优良品种研发和技术进步；劳动力转移、劳动力老龄化、妇女化特征对粮食生产效率存在影响。

（3）自然资源特征中自然灾害对粮食生产构成具有负面影响，但这也取决于地区特征、政府决策对自然灾害做出的及时反应所形成的"回弹效应"；气候变化对粮食生产效率的影响地区间存在差异；地形平整程度制约了粮食生产效率的提高。

（4）城镇化、粮农个体特征和农村用电量等变量均对粮食生产效率的提高具有制约作用。

参考文献

［1］薛龙，刘旗．河南省粮食生产综合技术效率和全要素生产率分析［J］．河南农业大学学报，2013，47（3）：345-350．

［2］秦治领．陕西省粮食生产技术效率实证研究［D］．西北农林科技大学，2013．

［3］宿桂红．中国粮食主产区主要粮食作物技术效率分析［D］．四川农业大学，2010．

［4］宿桂红，傅新红．基于 SFA 的中国粮食主产区小麦生产技术效率分析［J］．贵州农业科学，2011，39（8）：196-199．

［5］彭代彦，文乐．农村劳动力结构变化与粮食生产的技术效率［J］．华南农业大学学报（社会科学版），2015，14（1）：92-104．

［6］闵锐，李谷成．环境约束条件下的中国粮食全要素生产率增长与分解——基于省域面板数据与序列 Malmquist-Luenberger 指数的观察［J］．经济评论，2012（5）：34-42．

[7] 尹朝静,李谷成,葛静芳. 粮食安全:气候变化与粮食生产率增长——基于HP滤波和序列DEA方法的实证分析[J]. 资源科学, 2016, 38 (4): 665-675.

[8] 王珏,宋文飞,韩先锋. 中国地区经济的收敛性分析——基于全要素生产率的视角[J]. 制度经济学研究, 2010 (3): 93-105.

[9] 胡冰川,吴强,周曙东. 粮食生产的投入产出影响因素分析——基于江苏省粮食生产的实证研究[J]. 长江流域资源与环境, 2006 (1): 71-75.

[10] 秦清. 招远市农村土地流转问题研究[D]. 中国海洋大学, 2011.

[11] 杨皓天,句芳. 基于DEA模型的内蒙古农村牧区粮食生产效率实证研究——源于内蒙古10个地区的1312户农牧户调研数据[J]. 干旱区资源与环境, 2015, 29 (6): 32-38.

[12] 李英普,李子君,刘玉,唐秀美. 基于随机前沿分析的河北省粮食生产效率及影响因素研究[J]. 广东农业科学, 2015, 42 (22): 156-161.

[13] 宿桂红,常春水. 基于SFA的吉林省粮食生产技术效率实证分析[J]. 吉林农业科技学院学报, 2014, 23 (3): 69-72.

[14] 陈培勇,陈风波. 土地细碎化的起因及其影响的研究综述[J]. 中国土地科学, 2011, 25 (9): 90-96.

[15] 王水连,辛贤. 土地细碎化是否阻碍甘蔗种植机械化发展?[J]. 中国农村经济, 2017 (2): 16-29.

[16] 王嫚嫚,刘颖,蒯昊,周晓时. 土地细碎化、耕地地力对粮食生产效率的影响——基于江汉平原354个水稻种植户的研究[J]. 资源科学, 2017, 39 (8): 1488-1496.

[17] 但小平,蔡斌,赵婷. 推进土地规模经营 发展特色现代农业[J]. 农业科技通讯, 2008 (9): 27-29.

[18] 张忠明,钱文荣. 农户土地经营规模与粮食生产效率关系实证研究[J]. 中国土地科学, 2010, 24 (8): 52-58.

[19] 贾琳,夏英. 我国种粮农户耕地流转的基本特点及政策启示[J]. 中国农业资源与区划, 2017, 38 (4): 35-40.

[20] 许庆,尹荣梁,章辉. 规模经济、规模报酬与农业适度规模经营——基于我国粮食生产的实证研究[J]. 经济研究, 2011, 46 (3): 59-71, 94.

[21] 蒋和平,蒋辉. 农业适度规模经营的实现路径研究[J]. 农业经济与管理, 2014 (1): 5-11.

[22] 姜长云. 着力发展面向农业的生产性服务业[J]. 宏观经济管理, 2010 (9): 38-39.

[23] 高强,孔祥智. 农业科技创新与技术推广体系研究:日本经验及对中国的启示[J]. 世界农业, 2012 (8): 9-16.

[24] 孙顶强,卢宇桐,田旭. 生产性服务对中国水稻生产技术效率的影响——基于吉、浙、湘、川4省微观调查数据的实证分析[J]. 中国农村经济, 2016 (8): 70-81.

[25] 陈超,李寅秋,廖西元. 水稻生产环节外包的生产率效应分析——基于江苏省三县的面板数据[J]. 中国农村经济, 2012 (2): 86-96.

[26] 薛庆根,王全忠,朱晓莉,周宏. 劳动力外出、收入增长与种植业结构调整——基于江苏省农户调查数据的分析[J]. 南京农业大学学报(社会科学版), 2014, 14 (6): 34-41.

[27] 刘强,杨万江,孟华兵. 农业生产性服务对我国粮食生产成本效率的影响分析——以水稻产业为例[J]. 农业现代化研究, 2017, 38 (1): 8-14.

[28] 杨昆,黄季焜. 以木薯为原料的燃料乙醇发展潜力:基于农户角度的分析[J]. 中国农村经济, 2009 (5): 14-25.

[29] 高鸣,宋洪远,Michael Carter. 粮食直接补贴对不同经营规模农户小麦生产率的影响——基于

全国农村固定观察点农户数据［J］. 中国农村经济,2016（8）：56-69.

［30］杨义武,林万龙,张莉琴. 农业技术进步、技术效率与粮食生产——来自中国省级面板数据的经验分析［J］. 农业技术经济,2017（5）：46-56.

［31］Mapemba L D, Assa M M, Mango N. Farm Household Production Efficiency in Southern Malawi: An Efficiency Decomposition Approach［J］. Journal of Economics and Sustainable Development, 2013, 4（3）: 236-245.

［32］周宏,王全忠,张倩. 农村劳动力老龄化与水稻生产效率缺失——基于社会化服务的视角［J］. 中国人口科学,2014（3）：53-65,127.

［33］胡雪枝,钟甫宁. 人口老龄化对种植业生产的影响——基于小麦和棉花作物分析［J］. 农业经济问题,2013,34（2）：36-43,110.

［34］陈锡文,陈昱阳,张建军. 中国农村人口老龄化对农业产出影响的量化研究［J］. 中国人口科学,2011（2）：39-46,111.

［35］马林静,欧阳金琼,王雅鹏. 农村劳动力资源变迁对粮食生产效率影响研究［J］. 中国人口·资源与环境,2014,24（9）：103-109.

［36］吴惠芳,饶静. 农业女性化对农业发展的影响［J］. 农业技术经济,2009（2）：55-61.

［37］文华成. 中国农业劳动力女性化：程度、成因与影响——基于历史宏观截面数据的验证［J］. 人口学刊,2014,36（4）：64-73.

［38］李旻,赵连阁. 农业劳动力"老龄化"现象及其对农业生产的影响——基于辽宁省的实证分析［J］. 农业经济问题,2009,30（10）：12-18,110.

［39］罗万纯,陈永福. 中国粮食生产区域格局及影响因素研究［J］. 农业技术经济,2005（6）：60-66.

［40］杨春. 中国主要粮食作物生产布局变迁及区位优化研究［D］. 浙江大学,2009.

［41］周力,周应恒. 粮食安全：气候变化与粮食产地转移［J］. 中国人口·资源与环境,2011,21（7）：162-168.

［42］刘涛. 自然灾害、技术效率与农业发展方式转变［J］. 华南农业大学学报（社会科学版）,2012,11（4）：28-35.

［43］Lobell D, Asner G. Climate and Management Contributions to Recent Trends in U. S. Agriculture Yields［J］. Science, 2003, 299: 1032.

［44］Rosegrant M W, Cline S A. Global Food Security: Challenge and Policies［J］. Science, 2003（302）: 1917-1919.

［45］石成玉. 气候变化、农业水利投资与我国耕地产出效率分析［J］. 农业技术经济,2015（11）：62-68.

［46］姜岩,朱晓莉,周宏,王筱菲. 气候变化对江苏水稻生产效率变动的影响［J］. 农业技术经济,2015（12）：109-116.

［47］周晶,陈玉萍,阮冬燕. 地形条件对农业机械化发展区域不平衡的影响——基于湖北省县级面板数据的实证分析［J］. 中国农村经济,2013（9）：63-77.

［48］杨志武,钟甫宁. 农户种植业决策中的外部性研究［J］. 农业技术经济,2010（1）：27-33.

［49］赵丽平,王雅鹏,何可. 城镇化、农村人力资本与粮食生产技术效率——基于环境规制视角的面板数据分析［J］. 农业现代化研究,2015,36（4）：595-602.

［50］闵锐,李谷成. "两型"视角下我国粮食生产技术效率的空间分异［J］. 经济地理,2013,33（3）：144-149.

［51］王阳. 要素流动对发达国家农业经济发展的影响研究［J］. 世界农业,2014（4）：70-73.

[52] 黄金波, 周先波. 中国粮食生产的技术效率与全要素生产率增长: 1978-2008 [J]. 南方经济, 2010 (9): 40-52.

[53] 董莹, 穆月英. 农业技术进步、农村劳动力转移对地区工资与收入差距的影响——基于SFA-CGE两阶段模拟分析 [J]. 北京理工大学学报 (社会科学版), 2015, 17 (5): 91-98.

Research on the Changing Trend and Influencing Factors of Grain Production Efficiency in China—A Literature Review

Zhao Dandan[1] Ma Yuanyuan[2] Li Shuang[3]

(1. *Business School, Jinling Institute of Technology, Nanjing, 211169 China*;

2. *Finance Office, Jinling Institute of Technology, Nanjing, 211169 China*;

3. *College of Business Administration, Jiangsu Vocational Institute of Commerce, Nanjing, 211168 China*)

Abstract: Food security in China is still the focus of research at this stage. However, the stability and improvement of food production efficiency is the key to ensure national food security. Therefore, the review of relevant research provides a reference for breaking through the efficiency of grain production in China. It is found that: ①SFA and DEA are two main methods in the analysis of grain production efficiency in China. And all of them show that the loss of grain production efficiency is more serious. ②Land factor, outsourcing, productive socialized service, agricultural capital investment and rural labor all have significant influence on China's grain production efficiency. ③Among the characteristics of natural resources, natural disasters, climate change and topographical conditions are the main constraints on food production efficiency. In addition, urbanization and individual characteristics of farmers will bring about the loss of food production efficiency. Therefore, it is necessary to analyze the factors that restrict the efficiency of grain production according to the endowment characteristics of different regions.

Key Words: Grain Production; Production Efficiency; Literature Review

《粮食经济研究》征稿启事

　　《粮食经济研究》是由南京财经大学粮食经济研究院主办，经济管理出版社出版的专业学术刊物。本刊旨在提供一个学术交流的平台，广泛动员国内外学者和社会各界力量，共同关注中国粮食问题、开展全面深入细致的研究，为宏观决策、学科建设和研究队伍建设服务。

　　《粮食经济研究》以学术中立、鼓励创新为办刊原则，以反映粮食经济领域高水平学术研究最新成果为办刊宗旨，力求严谨、深入、细致、求实的学术风范。刊物设置综述、论文、译文、书评四个栏目，主要刊登粮食经济领域内有关粮食生产和流通问题研究的学术论文。

　　由国内外知名专家学者组成学术委员会，指导《粮食经济研究》的办刊方向、论文选题和学术规范。

　　《粮食经济研究》采取匿名审稿制度，聘请相关领域的资深专家对所有投稿进行审定，确保刊物学术水准和办刊质量。

　　刊物目前为半年刊。欢迎所有关注粮食问题的国内外专家学者和研究人员踊跃投稿，稿件应以粮食问题为主要内容。稿件收到后，稿件处理情况将在三个月内通知作者。具体稿件要求请登录南京财经大学粮食安全与战略研究中心网站查询，网址为：http://cfsss.nufe.edu.cn/。

编辑部地址：南京市鼓楼区铁路北街128号南京财经大学31号信箱
邮政编码：210003
联系人：刘婷　赵霞
联系电话：025-83495942　025-83494738
电子邮件：lsjjyjjk@163.com

《粮食经济研究》投稿须知

为保证稿件评审的客观公正和刊物学术质量的提高，《粮食经济研究》实行双向匿名审稿制度。作者投稿时请注意以下事项：

一、本刊物采取电子邮件投稿，作者投稿时请在来稿主题请注明"专投"字样，请勿一稿多投，以免影响审稿和刊用。作者来稿以电子邮件稿件为准，无须寄送纸质稿件。

二、本刊仅接受和刊登粮食经济领域内的学术文章，作者投稿时请选择稿件所投栏目，同时请注意投稿范围不要超出本刊的栏目所限。本刊栏目有综述、论文、译文、书评四个栏目等。

三、作者可通过电子邮件、电话等方式查询稿件处理情况。凡投稿两个月未收到编辑部刊用或修改通知，作者可另行处理稿件。

四、本刊编辑出版执行国家有关编排规范标准，请作者参照网站上的论文模版格式。稿件形式上请遵循以下要求：

（一）来稿篇幅一般在 10000~20000 字。投稿应论点突出、方法科学、论据充足、逻辑清楚、语言简练。基金项目产出的论文应注明基金项目全称，并在圆括号内注明其项目编号。

（二）投稿应注明作者署名，并附作者简介，包括姓名、出生年月（1980 年×月生）、性别、民族（汉族可省略）、籍贯（如江苏省××市/县人）、职称、学历、研究方向、具体工作单位、邮编、通讯地址、电话、E-mail 地址等。以上内容请单独打印在一张纸上。

（三）题名应简明、具体、确切，能概括文章的要旨，一般不超过 20 个字，必要时可加副标题。全文标题的层次要分明，节段的序号用一、（一）1.（1）表示。

（四）请用中英文两种文字标明文章题目、作者单位、姓名（用汉语拼音）、摘要、关键词。摘要应详细说明论文的研究目的、采用的方法、结果、结论和创新之处。摘要应以提供内容梗概为目的，不加评论和补充解释，简明、确切地记述论文重要内容。不能写成论文的提纲和引言，不要出现"本文""文章"等字样。具有独立性和自含性，一般不超过 300 字。关键词是反映论文主体概念的专有名词或词组，一般应选 3~8 个。

（五）论文的开始应有本论题的研究成果综述，指出本文的创新点是什么。

（六）稿件推荐采用 Word 文档格式，中文字体采用宋体，西文字体采用 Times New Roman。其中，文章标题采用 3 号黑体，一、二级标题分别用 4 号黑体（居中）和小 4 号黑体，正文字号为 5 号宋体，行距为单倍行距，图、表中的字号用小 5 号宋体（表题、图题小 5 号黑体，居中）；中英文摘要 5 号字体，注释是对文章篇名、作者及文内某一特定内容的进一步解释和补充，注释序号用带圆括号的阿拉伯数字表示。参考文献采用小五号字体。

（七）参考文献请按引用顺序编号附于正文之后，并在文中进行一一实引；正文中采用"作者+年代"形式。各种文献的著录信息必须完整，外文文献的作者姓名著录格式参照中文相应文献的著录格式（姓在前、名在后，姓不缩写，名可以缩写，例如，"ALBERT（名）EINSTEIN（姓）"应写为"Einstein A"）。

（八）文献类型标志代码：普通图书——M；期刊——J；报纸——N；会议录——C；汇编——G；学位论文——D；报告——R；电子公告——EB；标准——S；专利——P；数据库——DB；计算机程序——CP；联机网络——OL；光盘——CD。

参考文献要素要齐全。具体示例如下：

[1] 李晓东，张庆红，叶瑾琳. 气候学研究的若干理论问题[J]. 北京大学学报（自然科学版），1999，35（1）：101-106.

[2] Alexander N., Myers H. European Retail Expansion in South East Asia[J]. European Business Review, 1999, 34（2）：45-50.

[3] 马龙龙. 流通产业组织[M]. 北京：清华大学出版社，2006：60-61.

[4] Alexander N. International Retailing[M]. Oxford：Blackwell Business, 1997：23-26.

[5] 胡平. 论企业文化[N]. 杭州日报，2003-02-25（12）.

[6] 张志祥. 间断动力系统的随机扰动及其在守恒律方程中的应用[D]. 北京：北京大学数学学院，1998：55-59.

[7] 辛希孟. 信息技术与信息服务国际研讨会论文集：A集[C]. 北京：中国社会科学出版社，1994：251-265.

[8] 王斌. 信息技术与信息服务[M]//许厚泽，赵其国. 信息技术与应用. 北京：中国社会科学出版社，1998：121-140.

[9] 钟文发. 非线性规划在可燃毒物配置中的应用[C]//赵玮. 运筹学的理论与应用：中国运筹学会第五届大会论文集. 西安：西安电子科技大学出版社，1996：468-471.

[10] Weinstein L, Swertz M N. Pathogenic Properties of Invading Microorganism[M]//Sodeman W A, Sodeman W A. Pathologic Physiology：Mechanisms of Disease. Philadelphia：Saunders, 1974：745-772.

[11] 冯西桥. 核反应堆压力管道与压力容器的LBB分析[R]. 北京：清华大学核能技术设计研究院，1997.

[12] 江向东. 互联网环境下的信息处理与图书管理系统解决方案[J/OL]. 情报学报，1999，18（2）：4 [2000-01-18]. http：//www.chinainfo.gov.cn/periodical/gbxb/gbxb99/gbxb990203.

[13] 奚纪荣. 武略文涛[M/OL]. 上海：汉语大词典出版社，2001：13 [2006-01-25]. http：//testserv-er.lib.pku.edu.cn：918/detil？.

[14] 方舟子. 学术评价有新招[N/OL]. 中国青年报，2006-01-11（9）.（2006-01-11）[2006-03-02]. http：//scitech.people.com.cn/GB/1057/4017988.html.

[15] 萧钰. 出版业信息化迈入快车道[EB/OL].（2001-12-19）[2002-04-15]. http：//www.Book-tide.com/news/20011219/200112190019.html.

欢迎新老作者积极为本刊赐稿。
编辑部地址：南京市鼓楼区铁路北街 128 号南京财经大学 31 号信箱
邮政编码：210003
联系人：刘婷　赵霞
联系电话：025-83495942　025-83494738
电子邮件：lsjjyjjk@163.com

本刊充分尊重作者的观点，但是有权修改或删节。不同意删改者请投稿时注明。请勿一稿多投，来稿不退，请自留底稿。3 个月未见任何通知，作者可自行处理。稿件一经采用，即按规定邮寄稿酬，并赠送样刊两册。

另外，请将论文发表后的反响情况，如被转载、摘登、决策采用、获奖等情况及时告知我刊，我刊表示衷心的感谢！

《粮食经济研究》编辑部

图书在版编目（CIP）数据

粮食经济研究.2019年第2辑/曹宝明主编.—北京：经济管理出版社，2019.12
ISBN 978-7-5096-1934-6

Ⅰ.①粮… Ⅱ.①曹… Ⅲ.①粮食问题—研究—中国 Ⅳ.①F326.11

中国版本图书馆CIP数据核字（2020）第017613号

组稿编辑：陆雅丽
责任编辑：陆雅丽
责任印制：黄章平
责任校对：张晓燕

出版发行：经济管理出版社
（北京市海淀区北蜂窝8号中雅大厦A座11层　100038）
网　　址：www.E-mp.com.cn
电　　话：（010）51915602
印　　刷：北京虎彩文化传播有限公司
经　　销：新华书店
开　　本：787mm×1092mm/16
印　　张：8.25
字　　数：195千字
版　　次：2020年8月第1版　2020年8月第1次印刷
书　　号：ISBN 978-7-5096-1934-6
定　　价：68.00元

·版权所有　翻印必究·
凡购本社图书，如有印装错误，由本社读者服务部负责调换。
联系地址：北京阜外月坛北小街2号
电话：（010）68022974　邮编：100836